ANDI SCHWEIGER

REGIONAL

MIT LEIDENSCHAFT

Inhalts-
verzeichnis

Wo ihr Qualität findet? Geht auf Märkte, kauft bei Bauern!

Gut zu essen macht richtig Spaß. Wenn ich was gelernt habe in meinem Leben, dann diese wunderbare Wahrheit. Jetzt denkt ihr vielleicht: Klingt banal, weiß doch jeder. Von wegen! Schön wär's! Ich habe den Eindruck, dass wir gerade verlernen, wie geil gutes Essen ist. Wir kaufen immer mehr Fertigprodukte mit Geschmacksverstärkern. Wir interessieren uns immer weniger dafür, woher unser Essen kommt und wie es hergestellt wird. Wir lassen es zu, dass unsere Nahrung immer stärker zum Industrieprodukt wird. Ein Missionar bin ich ganz bestimmt nicht und schon gar kein Oberlehrer. Aber ich habe eine Botschaft, und ich habe sie mit viel Herzblut in dieses Buch gepackt: Macht euch Gedanken über euer Essen! Holt euch nicht immer das Billigste, sondern achtet auf Qualität! Verzichtet, wann immer es geht, auf Industriemist! Geht stattdessen auf Märkte, kauft bei Bauern oder Züchtern, die ihre Tiere anständig behandeln! Dann werdet ihr merken, dass ihr nicht nur etwas Gutes tut, sondern dass es vor allem auch noch gut schmeckt.

Ich lade euch ganz herzlich ein, mit mir die fantastische Welt des guten Essens kennenzulernen. Ich gehe mit euch zu meinem Lammzüchter und zu meinem Fischmann. Wir besuchen eine Ölmühle und einen verrückten Essigbrauer. Ich zeige euch meinen Kräutergarten und meinen Bäcker, der noch wie bei Urgroßmuttern backt. Ihr bekommt von mir natürlich auch wieder viele tolle Rezepte, die nach Jahreszeiten geordnet sind, weil frische Saisonprodukte immer am besten schmecken. Und hoffentlich kann ich euch mit meinem Buch davon überzeugen, dass nichts mehr Spaß macht als richtig gutes Essen.

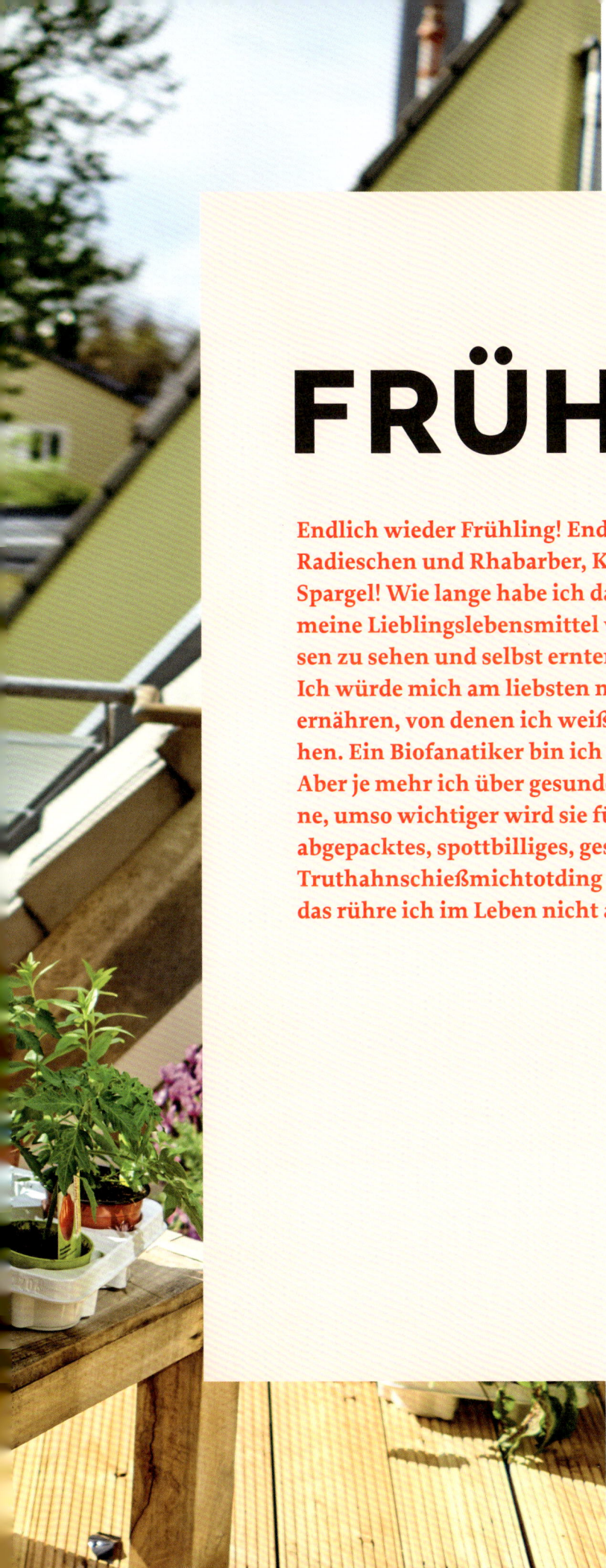

FRÜHLING

Endlich wieder Frühling! Endlich wieder Radieschen und Rhabarber, Kohlrabi und Spargel! Wie lange habe ich darauf gewartet, meine Lieblingslebensmittel wieder wachsen zu sehen und selbst ernten zu können! Ich würde mich am liebsten nur von Sachen ernähren, von denen ich weiß, wie sie entstehen. Ein Biofanatiker bin ich nie gewesen. Aber je mehr ich über gesunde Ernährung lerne, umso wichtiger wird sie für mich. So ein abgepacktes, spottbilliges, geschmacksfreies Truthahnschießmichtotding vom Discounter, das rühre ich im Leben nicht an.

Damit koche ich im Frühling.

Der Wechsel der Jahreszeiten ist einfach eine großartige Erfindung! Ich liebe beispielsweise die vielfältigen Kohlsorten im Winter, freue mich jetzt aber auch riesig über die frischen Frühlingskräuter.

+ Bärlauch

Am liebsten sammle ich die zarten Frühjahrsboten selbst im Wald. Ein bisschen Vorsicht ist dabei angebracht: Die giftigen Maiglöckchen- und Herbstzeitlosenblätter sehen ähnlich aus, aber nur Bärlauch verströmt beim Reiben der Blätter ein wunderbar knoblauchwürziges Aroma. Frischer Bärlauch ist ein Hochgenuss in Kräuterquark, Pesto oder Salat. Man kann ihn aber auch kurz blanchieren und dann in brauner Butter andünsten.

+ Blutampfer & Senfspinat

Beide kommen bei mir frisch und klein geschnitten oder zerzupft in Salate, Dips und Brotaufstriche: Blutampfer bringt einen feinsäuerlichen, Senfspinat einen frisch-scharfen Kick. Senfspinat verträgt sogar ein bisschen Hitze, man kann ihn zum Schluss unter Gemüse mischen.

+ Erbsen

Die süßlichen kleinen Kugeln machen aus Kindern begeisterte Gemüseesser. Am allerbesten schmecken sie frisch aus den Schoten. Erbsen palen ist eine Reise in die Kindheit, Erbsen schälen (siehe S. 44) dagegen große Feinschmeckerküche. Ich kombiniere die grünen Kraftpakete am liebsten mit weißem Spargel.

+ Erdbeeren

Da kann keiner widerstehen: leuchtend rote, herrlich duftende und super saftige Beeren. Aufgrund ihres hohen Wassergehalts sind sie aber auch sehr empfindlich. Länger als zwei Tage bleiben sie nicht aromatisch.

+ Grüner Spargel

Auch wenn die grünen Stangen im Supermarkt ganzjährig im Regal liegen, bei mir gibt es sie nur im Frühjahr: roh, fein geschnitten und mariniert oder gebraten.

+ Hornveilchen

Schön und essbar: Ich freue mich jeden Morgen am Anblick der hübschen Blüten auf meiner Terrasse und ernte sie für meine Gäste. Hornveilchen schmecken zart und ganz leicht säuerlich.

+ Mairüben & Eiszapfen

Roh als würziger Salat oder gedünstet als weißes Frühjahrsgemüse – Mairüben und Eiszapfen machen alles mit. Nach dem Einkauf kommen Rüben und Zapfen sofort in den Kühlschrank, allerdings nicht zu lange, sonst machen sie schlapp.

+ Radieschen

Sie machen keine Arbeit, haben eine tolle frische Schärfe und sind dank ihrer leuchtend roten Außenhaut ungemein attraktiv. Radieschen findet man immer in meinem Einkaufskorb – die Top-Favoriten für Quarkaufstriche und Salate. Im Kühlschrank bleiben Radieschen (ohne Blätter) in einer Box mit einem feuchten Küchenpapier ein paar Tage knackig.

+ Rhabarber

Im Kompott oder Kuchen läuft das fruchtigsäuerliche Gemüse zur Höchstform auf. Ich bin ein großer Fan der klassischen Kombi Rhabarber mit Erdbeeren. Grundsätzlich gilt: Je grüner die Stangen, desto saurer. Rote Exemplare sind also am mildesten. Rhabarber ist übrigens im Nu gar, bei längerem Köcheln zerfällt er und wird gräulich.

+ Waldmeister

Sein einzigartiges Aroma ist mit industriell hergestelltem Waldmeisteraroma auf keinen Fall vergleichbar. Ich bereite aus dem zarten Frühlingskraut einen Sirup zu und aromatisiere damit Desserts und Limonaden. Am liebsten sammle ich ihn bei einem Waldspaziergang selbst.

WARENKUNDE FRÜHLING

Gemischter Gartensalat mit Kräutertopfenstulle

Für 4 Personen

Für den Topfen:
2 kleine Frühmöhren
1 kleiner Rettich
4 Radieschen
8 EL Topfen
2 EL gehackte Petersilie
2 EL Leinöl
Meersalz
Pfeffer aus der Mühle

Für die Vinaigrette:
80 ml Hühnerbrühe
160 ml Balsamico bianco
240 ml Traubenkernöl
1 EL scharfer Senf
1 TL Waldhonig
Meersalz

Für den Salat:
100 g Rucola
100 g Senfspinat
100 g junger Spinat
50 g Sauerampfer
10 Fenchelkrautspitzen
10 Gewürztagetesspitzen
10 Dillspitzen
4 Radieschen

Außerdem:
4 Scheiben Bauernbrot
je 1 EL Sonnenblumen- und Kürbiskerne

1 Für den Topfen die Möhren und den Rettich putzen, schälen und fein raspeln. Die Radieschen putzen, waschen und ebenfalls fein raspeln. Alles in einer Schüssel mit dem Topfen, der Petersilie und dem Leinöl verrühren. Den Kräutertopfen mit Meersalz und Pfeffer würzen.

2 Für die Vinaigrette alle Zutaten in einer Schüssel verrühren. Das Brot im Toaster oder in einer Pfanne (nach Belieben mit etwas Olivenöl, Knoblauch und Kräutern) goldbraun rösten. Die Sonnenblumen- und Kürbiskerne in einer Pfanne rösten, bis sie duften.

3 Für den Salat den Rucola, Senfspinat, Spinat und Sauerampfer verlesen, waschen und trocken schleudern, grobe Stiele entfernen. Fenchelkraut, Gewürztagetes und Dill waschen und trocken schütteln. Die Radieschen putzen, waschen und fein hobeln. Alles mit der Vinaigrette in der Schüssel mischen.

4 Die Brote längs halbieren und mit dem Kräutertopfen bestreichen. Den Salat in Schälchen verteilen, mit den Kernen bestreuen und die Kräutertopfenstullen dazu servieren.

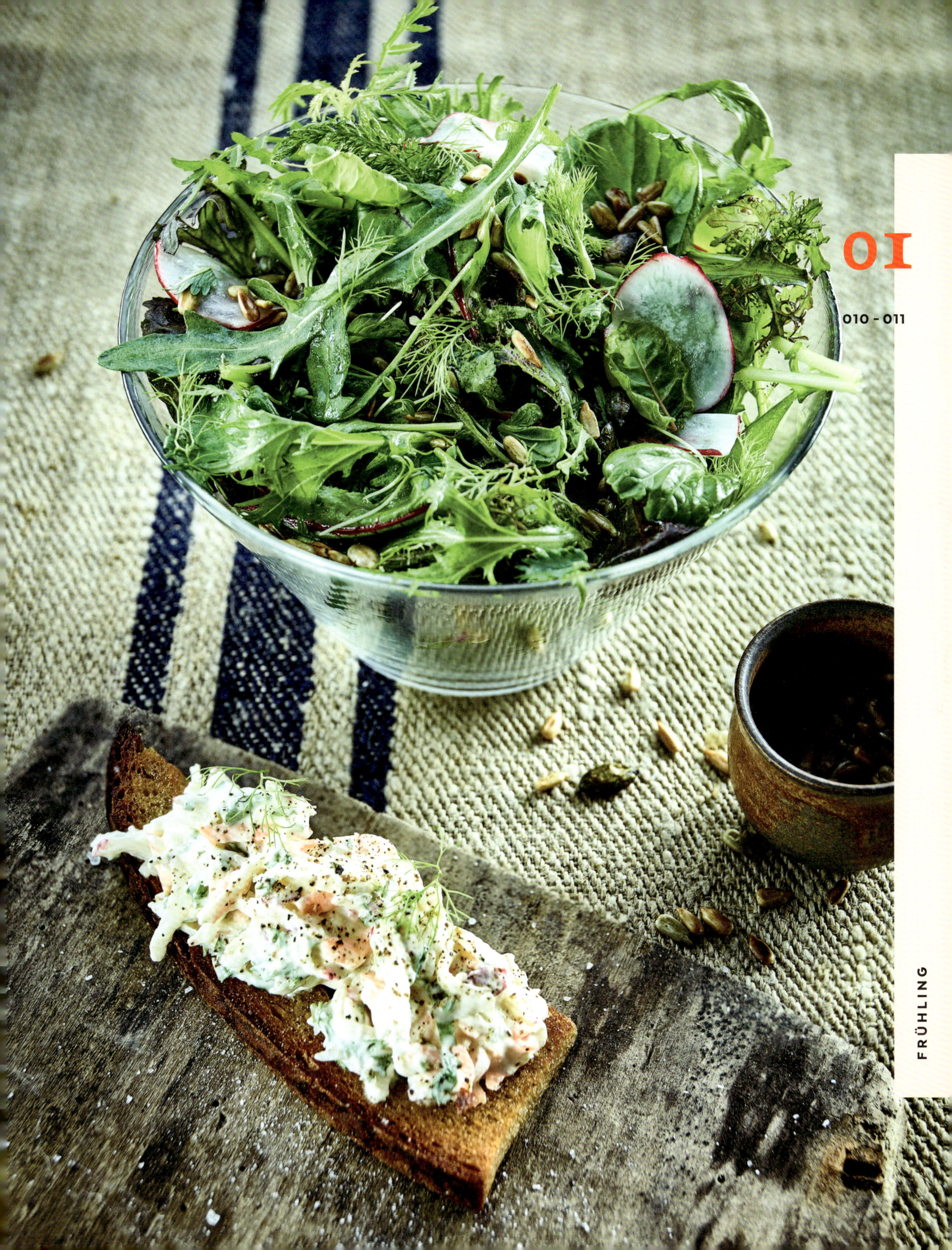

Vollkornbrotsalat mit Kräutern

Für 4 Personen

Für den Salat:
300 g Roggenvollkorn-Sauerteigbrot (in Scheiben)
1 Knoblauchzehe
4 EL Olivenöl
160 g Eiszapfen (weiße, lange Radieschen)
180 g Mairüben
160 g Fenchel
4 Radieschen
je 12 rote und gelbe Kirschtomaten
½ Bund Schnittlauch
8 Bärlauchblätter
4 Stiele Petersilie

Für die Vinaigrette:
80 ml Zirbenessig (oder ein guter Weißweinessig)
160 ml Olivenöl
Meersalz

Außerdem:
Kräuterblätter (z. B. Blutampfer, Mini-Basilikum, Petersilie, Gewürztagetes, Brunnenkresse, Senfspinat, Schafgarbe)

1 Für den Salat das Brot in etwa 1 cm große Würfel schneiden. Den Knoblauch in der Schale andrücken. Das Olivenöl in einer Pfanne erhitzen und das Brot mit dem Knoblauch darin anbraten. Den Knoblauch entfernen.

2 Die Eiszapfen und die Mairüben putzen, schälen und in 2 mm dicke Scheiben hobeln. Den Fenchel putzen, waschen und ebenfalls in 2 mm dicke Scheiben hobeln. Die Radieschen putzen, waschen und in 1 mm dicke Scheiben hobeln. Die Kirschtomaten waschen und vierteln. Die Kräuter waschen und trocken schütteln. Den Schnittlauch und den Bärlauch fein schneiden, die Petersilienblätter abzupfen und fein hacken. Die Kräuterblätter waschen und trocken tupfen.

3 Für die Vinaigrette in einer Schüssel den Essig mit dem Olivenöl und etwas Meersalz verrühren. Das Brot und die vorbereiteten Zutaten mit der Marinade mischen. Den Salat in Schälchen verteilen, mit den Kräuterblättern bestreuen und nach Belieben mit Hornveilchen garnieren.

Frühlingsnudelsalat mit Bärlauch im Glas

Für 4 Personen

Meersalz
400 g Vollkorn-Hörnchennudeln
2 Mairüben
16 Radieschen
4 Mini-Gärtnergurken
16 Kirschtomaten
8 Stangen weißer Spargel
8 Stangen grüner Spargel
8 Erdbeeren
Zucker
4 EL Bärlauchpesto
2 Kästchen Gartenkresse

1 Für die Nudeln in einem großen Topf reichlich Salzwasser aufkochen. Die Hörnchennudeln darin nach Packungsangabe bissfest kochen. In ein Sieb abgießen und abtropfen lassen.

2 Die Mairüben putzen, schälen und in Scheiben hobeln. Die Radieschen putzen, waschen und auf der Küchenreibe fein raspeln. Die Gurken putzen, waschen und in Scheiben schneiden. Die Kirschtomaten ebenfalls waschen und in Scheiben schneiden.

3 Die beiden Spargelsorten waschen, schälen (den grünen Spargel nur im unteren Drittel) und die holzigen Enden abschneiden. Den Spargel längs in dünne Scheiben hobeln und in einer Schüssel mit etwas Meersalz und 1 Prise Zucker mischen. Die Spargelscheiben etwa 1 Minute ziehen lassen. Die Erdbeeren waschen, putzen und vierteln oder achteln.

4 Den Spargel mit den Nudeln und den restlichen vorbereiteten Zutaten sowie dem Pesto mischen. Mit Meersalz und 1 Prise Zucker abschmecken. Den Nudelsalat in ein großes Glas oder in Portionsgläser verteilen und etwa 1 Stunde ziehen lassen. Die Kresse von den Beeten schneiden, waschen, trocken tupfen und auf dem Salat verteilen.

Tipp

Der Salat im Glas ist ideal für ein Picknick, aber auch ein Hingucker auf einem Party-Buffet im Garten.

FRÜHLING

Garten Eden
auf meiner Terrasse

Okay, ich geb's ja zu: Einen grünen Daumen habe ich nicht. Und trotzdem ist ein Wunder geschehen. Denn der Kräutergarten, den ich mir auf meiner Dachterrasse angelegt habe, wächst und gedeiht jetzt so prächtig, als wären alle meine zehn Finger grün. Das ist mein ganz privates Paradies, nicht groß, vielleicht vier mal vier Meter, und trotzdem ein unermesslicher Garten Eden voller Thymian, Rosmarin und Minze, Zitronenmelisse, Kapuzinerkresse und Schnittlauch, Basilikum, Fenchelkraut und Salbei. Ich bin an 150 Tagen im Jahr unterwegs. Gerade deswegen gibt es für mich nichts Schöneres, als morgens den ersten Cappuccino zu Hause zwischen meinen duftenden Kräutern zu trinken. Das ist für mich so was von entspannend, einfach nur die Blüten und Blätter anschauen und an ihnen schnuppern, besser kannst du den Tag nicht beginnen.

Ich werde seit drei, vier Jahren immer mehr zu einem Kräuterkoch, vor allem zu Hause. In meinem Sternerestaurant spielen natürlich noch andere Zutaten eine große Rolle. Aber wenn ich daheim in der Küche stehe, geht ohne Senfkraut und Schnittlauch gar nichts. Und wenn ich Leute treffe, die Thymian nicht von Rosmarin unterscheiden können und auch sonst nichts von Kräutern verstehen, dann empfinde ich fast so etwas wie Mitleid. Denn ich weiß, um wie viel Glück und Freude sich diese Menschen bringen.

Spargelsalat mit Frühlingsvinaigrette, Schwarzwälder Schinken und Kratzete

Für 4 Personen

Für den Spargel:
Meersalz
Zucker
12 Stangen weißer Spargel

Für die Vinaigrette:
80 ml Hühnerbrühe
160 ml Balsamico bianco
240 ml Traubenkernöl
1 EL scharfer Senf
1 TL Waldhonig
Meersalz
2 Eier
8 Radieschen
1 Mini-Salatgurke
1 Stange Rhabarber
¼ Bund Schnittlauch
1 Bärlauchblatt

Für die Kratzete (zerzupfter Pfannkuchen):
80 g Mehl
125 ml Milch
4 Eigelb
30 g flüssige Butter
Meersalz
1 TL Zucker
2 Eiweiß
4 EL Rapsöl
40 g Butter

Außerdem:
12 Scheiben Schwarzwälder Schinken

1 Für den Spargel Salzwasser mit 1 Prise Zucker aufkochen. Den Spargel waschen, schälen und die holzigen Enden abschneiden. Den Spargel im Wasser etwa 14 Minuten bissfest köcheln.

2 Für die Vinaigrette die Brühe mit Essig, Traubenkernöl, Senf, Honig und Meersalz verrühren. Den Spargel aus dem Wasser heben, mit der Vinaigrette in eine flache Schale geben und etwa 12 Stunden oder über Nacht marinieren.

3 Die Eier in kochendem Wasser etwa 10 Minuten hart kochen, herausnehmen und abkühlen lassen. Die Eier pellen und in Würfel schneiden. Die Radieschen putzen und waschen, zuerst in Scheiben, dann in feine Stifte schneiden. Die Gurke waschen und mit einem Kugelausstecher kleine Kugeln daraus ausstechen. Den Rhabarber putzen, schälen und in 1 mm kleine Würfel schneiden. Von der Spargel-Vinaigrette etwa 200 ml abnehmen und in einer Schüssel mit den Eiern, den Radieschen, der Gurke und dem Rhabarber mischen.

4 Für die Kratzete den Backofen auf 160 °C Umluft vorheizen. Das Mehl mit der Milch in einer Schüssel verrühren. Die Eigelbe, die flüssige Butter, 1 Prise Meersalz und den Zucker unterrühren. Die Eiweiße mit etwas Meersalz zu einem steifen Schnee schlagen und unter den Teig heben.

5 Das Öl in einer ofenfesten Pfanne erhitzen, den Teig darin verteilen und etwa 2 Minuten goldgelb backen. Die Pfanne in den Backofen stellen und den Teig etwa 3 Minuten garen. Die Pfanne erneut auf den Herd stellen, den Pfannkuchen wenden und, falls nötig, kurz weitergaren. Dann den Pfannkuchen mit zwei Gabeln in etwa 3 cm große Stücke reißen. Die Butter dazugeben und die Kratzete goldbraun braten.

6 Den Spargel auf Teller verteilen, die Frühlingsvinaigrette darüber verteilen und die Kratzete daneben anrichten. Den Schinken auf den Spargel setzen und den Schnittlauch mit dem Bärlauch darüber verteilen. Nach Belieben noch ein paar Löwenzahnblütenblätter darüberstreuen.

Tipp

Die Vinaigrette vom Spargel-
marinieren kann man gut in
einem Glas im Kühlschrank
aufbewahren und beispielsweise für Blattsalate verwenden.

Bärlauchsuppe mit Kalbsfilet und Frühlingsblüten

Für 4 Personen

Für die Suppe:
100 g Schalotten
¼ Knollensellerie
1 Stange Lauch (nur den weißen und hellgrünen Teil)
½ Fenchelknolle
50 g Butter
200 ml trockener Weißwein
Meersalz
200 g Sahne
200 ml Milch
20 Bärlauchblätter

Für das Kalbsfilet:
200 g Kalbsfilet
5 EL Limetten-Olivenöl
Meersalz

Außerdem:
20 g geriebener Hartkäse
Blüten und Knospen (z. B. Hornveilchen, Gänseblümchen, Bärlauchknospen)

1 Für die Suppe die Schalotten und den Sellerie schälen. Den Lauch längs aufschneiden, waschen und trocken schütteln. Den Fenchel putzen und waschen. Alle Gemüse in etwa 3 cm große Stücke schneiden.

2 Die Butter in einem Topf erhitzen und das Gemüse darin andünsten. Den Wein angießen, mit Meersalz würzen und alles etwa 5 Minuten köcheln lassen. Die Sahne zum Gemüse geben und 5 Minuten mitköcheln. Dann die Milch dazugießen und alles weitere 10 Minuten köcheln lassen.

3 Für das Kalbsfilet das Fleisch in 2 bis 3 mm dicke Scheiben schneiden und in einer Schüssel mit dem Olivenöl und Meersalz mischen.

4 Das Gemüse samt Flüssigkeit im Küchenmixer oder mit dem Stabmixer fein pürieren und durch ein feines Sieb streichen. Den Bärlauch waschen und trocken schütteln, 1 Blatt sehr fein schneiden und beiseitelegen. Die restlichen Blätter grob schneiden und im Küchenmixer oder mit dem Stabmixer unter die Suppe mixen. Die Suppe mit Meersalz abschmecken.

5 Die Suppe in Schälchen verteilen und mit den Bärlauchstreifen bestreuen. Das Kalbsfilet samt Marinade auf Teller verteilen und den Käse sowie die Blüten und Knospen darüberstreuen.

FRÜHLING

2 x Kohlrabi: Kohlrabisaft & Kohlrabisalat

Für 4 Personen

Für den Salat:
1 Kohlrabi
Meersalz
Pfeffer aus der Mühle
etwas Gartenkresse

Für den Saft:
4 Kohlrabi mit Grün
1 Spritzer Noilly Prat (franz. Wermut)
Meersalz

1 Für den Salat den Kohlrabi putzen, schälen, vierteln und in feine Scheiben hobeln. Die Scheiben in Schälchen verteilen und mit Meersalz und Pfeffer würzen. Die Kresse vom Beet abschneiden, waschen, trocken tupfen und auf den Kohlrabisalat streuen.

2 Für den Saft die jungen Blätter der Kohlrabi abschneiden, waschen und trocken schütteln. Die Kohlrabi putzen, schälen und in etwa 4 cm große Stücke schneiden. Kohlrabistücke und -blätter in den Entsafter geben und entsaften. Den Kohlrabisaft mit Noilly Prat und Meersalz abschmecken. Den Kohlrabisaft in einen Suppenteller füllen und mit dem Kohlrabisalat servieren.

Tipp
Wer mag, kann etwas Kohlrabisaft mit dem Stabmixer aufschlagen – im Nu entsteht ein toller stabiler Schaum, den man vor dem Servieren auf den Saft geben kann.

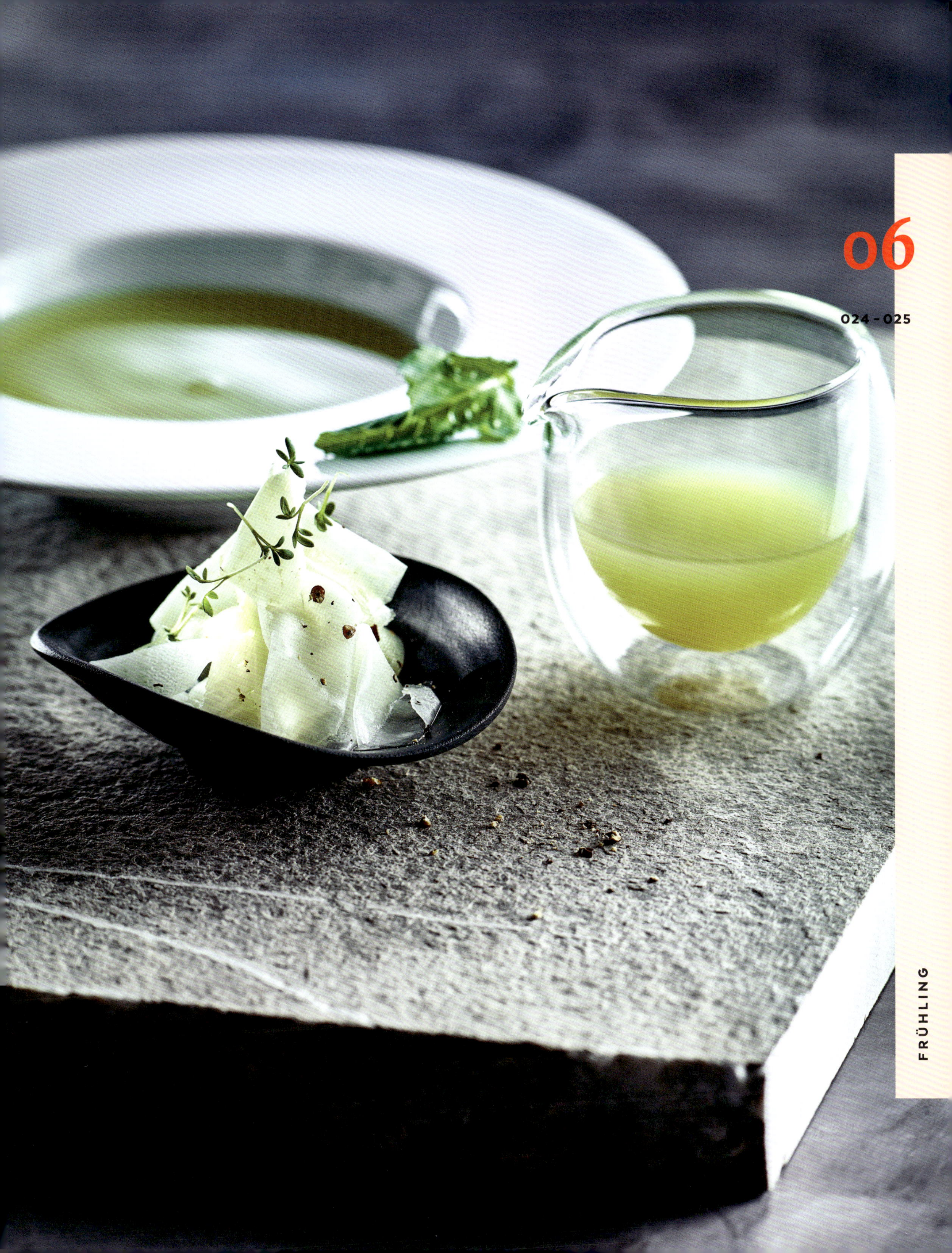

06

Putensandwiches
mit Schinken und Bauernei

Für 4 Personen

4 Eier
1 EL geröstete Sonnenblumenkerne
150 g Putenbrust
Meersalz
3 EL Rapsöl
1 Fenchelknolle
1 Kohlrabi
½ Salatgurke
2 Ochsenherztomaten
2 Handvoll gemischter Gartensalat
(z.B. junger Spinat, Rucola, Blutampfer,
Senfspinat)
12 Scheiben Toastbrot
4 EL Pesto
8 Scheiben Schinken

1 Die Eier in kochendem Wasser 12 Minuten hart kochen, kalt abschrecken, pellen und in Scheiben schneiden. Die Sonnenblumenkerne in einer Pfanne goldbraun rösten und abkühlen lassen.

2 Die Putenbrust waschen, trocken tupfen, in etwa 2 cm dicke Scheiben schneiden und mit Meersalz bestreuen. Das Öl in einer Pfanne erhitzen und die Putenbrust darin auf jeder Seite etwa 3 Minuten goldbraun braten. Inzwischen den Backofen auf 50 °C vorheizen. Die Putenbrust aus der Pfanne nehmen und im Ofen etwa 5 Minuten ruhen lassen.

3 Den Fenchel putzen, den Kohlrabi putzen, schälen und vierteln und beides in etwa 2 mm dicke Scheiben schneiden oder hobeln. Die Gurke waschen und ebenfalls in etwa 2 mm dicke Scheiben schneiden. Fenchel, Kohlrabi und Gurke auf einer Platte mit etwas Meersalz mischen. Die Tomaten waschen und in 3 bis 4 mm dicke Scheiben schneiden, dabei die Stielansätze entfernen. Den Salat waschen und trocken schleudern.

4 Das Toastbrot im Toaster goldbraun rösten. Auf jeden Teller 1 Toastbrotscheibe legen, Salatblätter, Pesto, Fenchel, Kohlrabi, Tomate, Putenbrust, Eier und Gurke daraufgeben. Erneut Salatblätter, Tomate, Fenchel und Kohlrabi daraufstapeln und mit einer zweiten Toastbrotscheibe bedecken. Salatblätter, Pesto, Putenbrust, Gurken, Eier, Fenchel und Kohlrabi daraufgeben und den Schinken rosettenförmig darauf anrichten. Die Sandwiches halbieren, mit Holzspießen fixieren und mit Sonnenblumenkernen bestreut servieren.

Kalbslende mit Knäckebrot, Hirse, grünen Bohnen, Spinat und Chicorée

Für 4 Personen

Für die Hirse:
210 ml Gemüsebrühe
60 g Hirse
4 EL saure Sahne
2 EL Balsamico bianco
2 EL Traubenkernöl
2 EL Haselnussöl
Meersalz
¼ Bund Schnittlauch

Für den Chicorée:
8 EL Zucker
80 ml Balsamico bianco
1 Chicorée

Für die Bohnen:
100 g grüne Bohnen
Meersalz
20 g Butter

Für die Kalbslende:
je 1 Zweig Rosmarin und Thymian
1 Knoblauchzehe
200 g Kalbslende
Meersalz
4 EL Olivenöl
40 g Butter

Außerdem:
4 Haselnusskerne
16 Blätter junger Spinat
12 Scheiben Roggen-Dinkel-Knäckebrot

1 Für die Hirse die Brühe in einem Topf erhitzen, die Hirse einrühren und etwa 5 Minuten köcheln lassen. Dann auf der ausgeschalteten Herdplatte zugedeckt etwa 10 Minuten gar ziehen lassen. Die saure Sahne mit Essig, Traubenkern- und Haselnussöl verrühren, unter die Hirse mischen und mit Meersalz würzen. Den Schnittlauch waschen, trocken schütteln, in feine Röllchen schneiden und ebenfalls unter die Hirse mischen.

2 Für den Chicorée den Zucker in einem Topf goldbraun karamellisieren. Mit dem Essig ablöschen und etwa 2 Minuten köcheln, bis sich der Karamell gelöst hat. Den Chicorée putzen und den Strunk keilförmig herausschneiden, die Blätter waschen und trocken schütteln. Den Chicorée in dem Karamellessig schwenken und herausnehmen.

3 Die Bohnen waschen, putzen und in kochendem Salzwasser 2 bis 3 Minuten blanchieren. In ein Sieb abgießen, kalt abschrecken und längs halbieren.

4 Die Butter in einem Topf erhitzen und die Bohnen darin schwenken. Die Haselnüsse in einer Pfanne rösten, bis sie aromatisch duften. Herausnehmen und in einem Küchentuch die Schalen abreiben. Den Spinat waschen und trocken tupfen.

5 Für die Kalbslende die Kräuter waschen und trocken tupfen. Den Knoblauch in der Schale andrücken. Die Kalbslende in 12 etwa 4 mm dicke Scheiben schneiden und mit Meersalz würzen.

6 Das Olivenöl in einer Pfanne erhitzen und die Fleischscheiben darin auf jeder Seite etwa 40 Sekunden kräftig anbraten. Das Öl aus der Pfanne gießen oder tupfen und die Butter mit den Kräutern und dem Knoblauch hinzufügen. Die Fleischscheiben etwa 20 Sekunden darin wenden, herausnehmen und etwa 3 Minuten ruhen lassen.

7 Auf die Teller jeweils 1 Scheibe Knäckebrot legen, etwas Hirse darauf verteilen, 1 Chicoréeblatt, ein paar grüne Bohnen, 1 Spinatblatt und 1 Kalbsscheibe darauflegen und mit den übrigen Zutaten auf die gleiche Weise zwei weitere Lagen schichten. Die restliche Hirse und etwas Karamellessig um die Türmchen herum verteilen. Die Haselnüsse fein darüberreiben und nach Belieben mit Gänseblümchen garnieren.

Pulled-Chicken-Stulle mit Kräuter-Senf-Quark

Für 4 Personen

Für das Pulled Chicken:
4 Hähnchenkeulen (ca. 600–800 g)
2 Zweige Rosmarin
1 Zweig Thymian
1 EL Waldhonig
1 EL scharfer Senf
10 Korianderkörner
4 EL Traubenkernöl
Meersalz

Für den Quark:
2 Tomaten
220 g Speisequark (20 % Fett)
4 EL Kräutersenf
2 EL gelbe Senfkörner
Meersalz
Pfeffer aus der Mühle
3 EL fein geschnittener Schnittlauch

Außerdem:
4 Frühlingszwiebeln
2 EL Rapsöl
Meersalz
½ weiße Zwiebel
2 Radieschen
12 Senfspinatblätter
 8 Scheiben Weißbrot

1 Am Vortag für das Pulled Chicken die Hähnchenkeulen waschen und trocken tupfen. Die Kräuter waschen, trocken tupfen und die Blättchen abzupfen. Die Kräuter, Honig, Senf, Koriander, Traubenkernöl und Meersalz in einen hohen Rührbecher geben und mit dem Stabmixer pürieren. Die Hähnchenkeulen waschen, trocken tupfen, mit der Marinade in einem Kunststoffbeutel mischen und gut verschließen. Die Keulen im Kühlschrank etwa 12 Stunden oder über Nacht marinieren.

2 Am Zubereitungstag den Backofen auf 160 °C Umluft vorheizen. Die Keulen aus der Folie nehmen und auf dem Ofengitter im Backofen auf der mittleren Schiene 30 bis 40 Minuten garen. Die Keulen herausnehmen und abkühlen lassen.

3 Für den Quark die Tomaten waschen, vierteln, Stielansätze und Kerne entfernen. Die Viertel in kleine Würfel schneiden. Den Quark mit dem Kräutersenf und den Senfkörnern verrühren, mit Meersalz und Pfeffer würzen. Den Schnittlauch und die Tomatenwürfel untermischen.

4 Die Frühlingszwiebeln putzen, waschen, trocken tupfen und in Stücke von der Größe der Brote schneiden. Das Öl in einer Pfanne erhitzen und die Frühlingszwiebeln darin mit etwas Meersalz etwa 3 Minuten goldbraun braten. Die Zwiebel schälen und in etwa 1 mm dicke Scheiben hobeln. Die Radieschen putzen, waschen und in etwa 2 mm dicke Scheiben hobeln. Den Senfspinat waschen und trocken schütteln.

5 Das Hähnchenfleisch von den Knochen lösen und grob zerzupfen. Auf 4 Brotscheiben etwas Kräuterquark verteilen. Hähnchenfleisch, Frühlingszwiebeln, Zwiebeln, Radieschen und Senfspinat daraufschichten und die Abfolge wiederholen. Den Belag mit den übrigen Brotscheiben bedecken und die Stullen servieren.

Hendl im Cornflakesmantel mit grünem Spargel und Gold-Leinsamen

Für 4 Personen

Für das Hähnchen:
4 Hähnchenbrustfilets (à ca. 225 g; ohne Haut)
6 Eier
Meersalz
150 g Cornflakes
1 EL Mehl
60 ml Olivenöl

Für die Sauce:
100 g Gold-Leinsamen
2 kleine Möhren
¼ Bund Schnittlauch
4 EL Butter
Meersalz
100 g Buttermilch

Für den Spargel:
4 Schalotten
2 Bund grüner Spargel
3 gelbe Tomaten
3 rote Tomaten
4 EL Olivenöl

1 Für das Hähnchen die Hähnchenbrustfilets waschen, trocken tupfen und in einem Kunststoffbeutel mit einem Vakuumiergerät luftdicht verschließen. Alternativ das Fleisch straff in Frischhaltefolie wickeln, die Enden gut zudrehen und den Vorgang mit Alufolie wiederholen. Das Fleisch im Wasserbad bei 56 °C (mit einem Küchenthermometer prüfen) 1 Stunde 35 Minuten garen. Die Hähnchenfilets aus der Folie nehmen und trocken tupfen.

2 Für die Sauce die Leinsamen in einer Schüssel mit Wasser mischen. Die Möhren putzen, schälen und in winzige Würfel schneiden. Den Schnittlauch waschen und in feine Ringe schneiden. Die Leinsamen in ein Sieb abgießen und abtropfen lassen.

3 Die Butter in einer Pfanne erhitzen und die Möhren darin andünsten. Die Leinsamen hinzufügen, mit Meersalz würzen und alles etwa 3 Minuten dünsten. Die Mischung in einer Schüssel mit der Buttermilch verrühren und den Schnittlauch untermischen.

4 Für den Spargel die Schalotten schälen und in feine Würfel schneiden. Den Spargel waschen, im unteren Drittel schälen und die holzigen Enden abschneiden. Die Stangen in 3 bis 4 mm dicke Scheiben schneiden, dabei die Spitzen ganz lassen. Die Tomaten waschen, vierteln, entkernen und dabei die Stielansätze entfernen. Das Fruchtfleisch in kleine Würfel schneiden.

5 Das Olivenöl in einer Pfanne erhitzen und die Schalotten mit dem Spargel darin andünsten. Mit Meersalz würzen und die Tomaten untermischen.

6 Die Eier und etwas Meersalz in einem hohen Rührbecher mit dem Stabmixer verquirlen. Die Cornflakes kurz untermixen. Die Hähnchebrustfilets leicht mit Mehl bestäuben. Das Olivenöl in einer großen Pfanne erhitzen. Die Filets in die Cornflakesmischung tauchen und in der Pfanne auf jeder Seite etwa 2 Minuten braten.

7 Die Hähnchenfilets halbieren und mit dem Gemüse auf Tellern anrichten. Die Leinsamensauce danebenträufeln und nach Belieben mit Hornveilchenblüten garnieren.

Frühlingspasta mit Thüringer Bratwurst und grünem Spargel

Für 4 Personen

Meersalz
500 g Spirelli
4 Stangen weißer Spargel
4 Stangen grüner Spargel
10 Erbsenschoten
2 Schalotten
1 Frühlingszwiebel
8 Kirschtomaten
10 Bärlauchblätter
¼ Bund Schnittlauch
6 Thüringer Bratwürste
4 EL Olivenöl
100 ml Hühnerbrühe
20 g Butter
20 g geriebener Hartkäse

1 In einem großen Topf reichlich Salzwasser aufkochen. Die Nudeln darin nach Packungsangabe bissfest kochen. Dann in ein Sieb abgießen und abtropfen lassen.

2 Die beiden Spargelsorten waschen, schälen (den grünen Spargel nur im unteren Drittel) und die holzigen Enden abschneiden. Die Spargelspitzen abschneiden und die Stangen schräg in 5 mm dicke Scheiben schneiden. Die Erbsen aus den Schoten palen und in kochendem Salzwasser etwa 10 Sekunden blanchieren. In ein Sieb abgießen, in kaltem Wasser abschrecken und abtropfen lassen.

3 Die Schalotten schälen und in feine Würfel schneiden. Die Frühlingszwiebel putzen, waschen und in Ringe schneiden. Die Kirschtomaten waschen und halbieren oder vierteln. Den Bärlauch und den Schnittlauch waschen, trocken schütteln und fein schneiden.

4 Für die Bratwurst die Fülle aus den Würsten drücken. In einer Pfanne 2 EL Olivenöl erhitzen und die Bratwurstfülle darin anbraten. Die Schalotten und die Frühlingszwiebel mitbraten. Zum Schluss den Spargel, die Erbsen sowie die Tomaten hinzufügen und erwärmen.

5 Die Brühe mit der Butter, dem restlichen Olivenöl und dem Käse in einer Pfanne erhitzen. Die Nudeln darin schwenken. Die Bratwurstmischung, den Bärlauch und den Schnittlauch unterheben. Die Frühlingspasta auf Teller verteilen und nach Belieben mit Bärlauchblüten und -knospen garnieren.

Dieses Gericht ist meinem guten Freund Elli aus Thüringen gewidmet, der immer die besten Thüringer Bratwürste organisiert.

Das Beste für Lämmer:
Frischluft und sattes Grün

Das klingt jetzt vielleicht arrogant, aber Leute, ich meine es ernst, und ihr solltet das auch ernst nehmen: Ich kaufe mein Fleisch ungern im Supermarkt, ich will kein Zeug aus der Massentierhaltung. Und der Preis ist für mich kein Argument, weil man ja nicht jeden Tag Fleisch essen muss. Lieber seltener Gutes als jeden Tag Schrott – das ist mein Motto. Ich hole mir mein Fleisch viel lieber bei Menschen, die sich Gedanken machen. Wie leben meine Tiere? Was fressen sie? Was ist das Beste für sie? Franz Riederer von Paar aus Polting, das ist so ein Mensch. Franz kenne ich schon seit 16 Jahren, und in dieser Zeit ist er ein richtiger Freund geworden. Er ist mir ans Herz gewachsen, weil er so ein ruhiger, bescheidener, warmherziger Typ ist, total von seiner Arbeit überzeugt, ohne es dauernd herausposaunen zu müssen.

Franz hat mir noch nie gesagt: „Ich habe die geilste Ware der Welt, und wenn du woanders kaufst, dann bist du ein Idiot." Sie kostet zwar eine Menge Geld, aber sie ist eben auch fantastisch und hat nichts mit dem abgepackten Discounter-Ramsch zu tun, der oft gar kein Lamm, sondern uralter Hammel ist. Wegen dieses Beschisses mögen auch viele Menschen kein Lamm – ganz einfach, weil sie noch nie Lamm gegessen haben, sondern immer nur muffiges Hammelfleisch. So, und jetzt wisst ihr auch, was mein großes Anliegen ist, was ich mit diesem Buch erreichen will: Die Leute sollen endlich kapieren, wie gut gutes Essen schmeckt und wie wahnsinnig viel Spaß es macht, sich gesund zu ernähren, und wie blöd es ist, sich von der Lebensmittelindustrie für blöd verkaufen zu lassen.

Polting

GUTSHOF POLTING
Lamm · Wild · Fisch

Die Lämmer haben bei Franz ein wunderbares Leben. Sie können sich frei bewegen, genießen wahnsinnig viel Auslauf, fressen die besten Kräuter und Blüten auf den Wiesen rund um seinen Hof. Einmal habe ich ihn gefragt: „Wie alt werden denn deine Lämmer?" Und er fragte zurück: „Willst du das wirklich wissen?" Ich: „Ja, klar." Franz: „Zwölf bis sechzehn Wochen." Da ist mir kurz die Kinnlade runtergefallen. Das hat er natürlich gemerkt und dann einen Satz gesagt, den ich nie wieder vergessen werde: „Es ist nicht wichtig, wie lange du lebst, sondern wie schön das Leben bis zu deinem Tod war."

Lammrücken mit Bärlauch-Graupen, Morcheln und Zuckerschoten

Für 4 Personen

Für die Graupen:
1 Schalotte
3 EL Olivenöl
50 ml Weißwein
120 g Gerstengraupen
¾ l heller Lammfond
Meersalz
10 Bärlauchblätter

Für den Lammrücken:
4 EL Olivenöl
4 Lammrücken (ca. 600 g; ohne Knochen)
je 1 Zweig Rosmarin und Thymian
1 Knoblauchzehe
25 g Butter

Für die Morcheln:
200 g Morcheln
2 Schalotten
3 EL Rapsöl
40 g Butter
200 ml Weinbrand
Meersalz
80 g Crème fraîche
¼ Bund Petersilie

Für die Zuckerschoten:
½ rote Zwiebel
100 g Zuckerschoten
2 EL Olivenöl
Meersalz

1 Für die Graupen die Schalotte schälen und in feine Würfel schneiden. Das Olivenöl in einem Topf erhitzen und die Schalotte darin andünsten. Den Wein angießen und einkochen lassen. Die Graupen und den Fond hinzufügen und mit Meersalz würzen. Die Graupen 25 bis 30 Minuten weich köcheln.

2 Inzwischen für die Lammrücken den Backofen auf 80 °C vorheizen. Das Olivenöl in einer Pfanne erhitzen und die Lammrücken darin 2 bis 3 Minuten kräftig anbraten. Dann auf das Ofengitter legen und im Backofen auf der mittleren Schiene etwa 20 Minuten garen, bis die Kerntemperatur 54 °C beträgt (mit einem Fleischthermometer prüfen). Die Pfanne beiseitestellen.

3 Die Morcheln kurz waschen und aufrecht stehend abtropfen lassen. Die Schalotten schälen und in feine Würfel schneiden. Das Öl in einer Pfanne erhitzen und die Morcheln darin etwa 4 Minuten anbraten, zum Schluss die Butter dazugeben. Die Schalotten kurz mitbraten, den Weinbrand angießen und etwa 2 Minuten einkochen lassen. Mit Meersalz würzen, die Crème fraîche untermischen und aufkochen lassen. Die Petersilie waschen und trocken schütteln, die Blätter abzupfen, fein schneiden und untermischen.

4 Für die Zuckerschoten die Zwiebel schälen und in feine Würfel schneiden. Die Zuckerschoten waschen, putzen und in 1 cm große schräge Stücke schneiden. Das Olivenöl in einem Topf erhitzen und die Zwiebel darin andünsten. Die Zuckerschoten hinzufügen, mit Meersalz würzen und etwa 2 Minuten bissfest dünsten.

5 Den Rosmarin und den Thymian waschen und trocken tupfen. Den Knoblauch in der Schale andrücken. Das Öl aus der beiseitegestellten Pfanne gießen oder tupfen, die Butter mit den Kräutern und dem Knoblauch hinzufügen. Den Lammrücken etwa 40 Sekunden mit der schäumenden Butter übergießen.

6 Den Bärlauch waschen, trocken tupfen, in feine Streifen schneiden und unter die Graupen mischen. Die Bärlauch-Graupen in einem Ring auf den Tellern anrichten. Die Lammrücken jeweils in 3 Stücke schneiden, auf die Graupen legen und die Zuckerschoten dazwischen anrichten. Die Morcheln um den Graupenring herum verteilen.

Gegrillte Lammkeule mit jungem Knoblauch und Frühlingsdip

Für 8 Personen

Für den Frühlingsdip:
1 rote Spitzpaprika
100 g Radieschen
½ Bund Kerbel
½ Bund Petersilie
½ Bund Koriander
½ Bund Basilikum
200 g Speisequark (20 % Fett)
200 g Naturjoghurt
200 g Schmand
2 EL Senföl
Meersalz

Für den Knoblauch:
1 Knoblauchknolle
Meersalz

Für das Bauernbrot:
½ Bauernbrot
2 Knoblauchzehen
100 ml gutes Olivenöl

Für die Lammkeule:
1 Lammkeule (ca. 2 kg; mit Knochen)
Meersalz

1 Für den Frühlingsdip die Spitzpaprika längs halbieren, entkernen, waschen und in feine Würfel schneiden. Die Radieschen putzen, waschen und fein raspeln. Die Kräuter waschen, die Blätter abzupfen und fein schneiden. Quark, Joghurt, Schmand und Senföl in einer Schüssel verrühren. Paprika, Radieschen sowie Kräuter untermischen und den Frühlingsquark mit Meersalz würzen.

2 Für den Knoblauch die Knoblauchknolle mit etwas Meersalz in Alufolie wickeln und auf dem Grill etwa 15 Minuten weich garen.

3 Das Bauernbrot in Scheiben schneiden und auf dem Grill knusprig rösten. Die Knoblauchzehen halbieren. Die Brote mit dem Knoblauch abreiben und mit dem Olivenöl bestreichen.

4 Die Lammkeule waschen und trocken tupfen. Mit Meersalz würzen und auf den Grillrost legen. Das Fleisch nach etwa 4 Minuten umdrehen, etwa 2 cm der gegrillten Seite abschneiden und servieren. Diesen Vorgang (einschließlich Würzen mit Meersalz) so oft wiederholen, bis das ganze Fleisch gegrillt ist und man auf den Knochen stößt. Dazu serviert man das geröstete Bauernbrot, den Frühlingsdip und den gegrillten Knoblauch, von dem sich jeder bei Tisch eine Zehe abpult, den weichen Knoblauch aus den Häutchen drückt und zum Fleisch genießt.

Pute mit Schweinebauch, 2 x Erbse und Spargel

Für 4 Personen

Für den Schweinebauch:
400 g Schweinebauch
Meersalz
100 ml Rapsöl

Für das Erbsenpüree:
600 g Erbsenschoten
Meersalz
1 Schalotte
40 g Butter
100 g Sahne

Für das Erbsengemüse:
ca. 500 g Erbsenschoten
Meersalz
1 kleine Schalotte
25 g Butter
1 EL Olivenöl

Für die Pute:
500 g Putenfilet
Meersalz
4 EL Rapsöl
Pfeffer aus der Mühle

Für den Spargel:
1 Frühlingszwiebel
8 Stangen weißer Spargel
2 EL Olivenöl
1 EL Butter
Meersalz
Zucker
40 ml trockener Weißwein

Außerdem:
ca. 4 EL Buttermilch

1 Den Schweinebauch in einem Kunststoffbeutel mit einem Vakuumiergerät luftdicht verschließen. Alternativ das Fleisch straff in Frischhaltefolie wickeln, die Enden gut zudrehen und den Vorgang mit Alufolie wiederholen. Den Schweinebauch im Wasserbad bei 56 °C (mit einem Küchenthermometer prüfen) 10 Stunden garen.

2 Für das Erbsenpüree die Erbsenschoten öffnen, die Erbsen auslösen und in kochendem Salzwasser etwa 20 Sekunden blanchieren. Die Erbsen in ein Sieb abgießen und kalt abschrecken. Die Außenhäutchen mit dem Fingernagel leicht einzwicken und die Erbsen „herausschießen". Die Schalotte schälen, halbieren und in Scheiben schneiden. Die Butter in einem Topf erhitzen und die Schalotten darin andünsten. Die Erbsen dazugeben, mit Meersalz würzen und die Sahne angießen. Alles aufkochen lassen und die Erbsen samt Flüssigkeit im Küchenmixer oder mit dem Stabmixer pürieren. Das Püree nach Belieben durch ein Sieb streichen und warm stellen.

3 Für das Erbsengemüse die Erbsen wie beim Erbsenpüree auslösen, blanchieren und „herausschießen". Die Schalotte schälen und in feine Würfel schneiden. Die Butter und das Olivenöl in einem Topf erhitzen und die Schalotte darin andünsten. Die Erbsen dazugeben und mit Meersalz würzen.

4 Für die Pute den Backofen auf 50 °C vorheizen. Das Putenfilet waschen und trocken tupfen, in 1 bis 2 cm dicke Scheiben schneiden und mit Meersalz würzen. Das Öl in einer Pfanne erhitzen und die Putenscheiben darin bei starker Hitze auf jeder Seite etwa 2 Minuten braten. Die Scheiben herausnehmen und im Backofen ein paar Minuten ruhen lassen. Mit Pfeffer bestreuen.

5 Für den Spargel die Frühlingszwiebel putzen, waschen, trocken schütteln und in Ringe schneiden. Den Spargel waschen, schälen und die holzigen Enden abschneiden. Die Stangen zuerst längs, dann quer halbieren. Das Olivenöl und die Butter in einer Pfanne erhitzen und den Spargel mit den Frühlingszwiebeln darin etwa 1 Minute andünsten. Mit Meersalz und 1 Prise Zucker würzen. Den Wein angießen und einköcheln lassen.

6 Den Schweinebauch aus der Folie nehmen, trocken tupfen und in 1 bis 2 cm dicke Scheiben schneiden. Mit Meersalz würzen. Jeweils 1 Scheibe Putenfilet auf die Teller legen und mit etwas Erbsenpüree bestreichen, 1 Scheibe Schweinebauch daraufgeben und wiederum mit Erbsenpüree bestreichen. Mit 1 Putenfilet abschließen und das Erbsengemüse darauf verteilen. Das Spargelgemüse und etwas Buttermilch daneben verteilen. Nach Belieben mit Hornveilchen garnieren.

Rinderroulade mit Dinkelgemüse

Für 4 Personen

Für die Rouladen:
2 Möhren
2 Eiszapfen (weiße, lange Radieschen)
8 Stangen grüner Spargel
½ Kohlrabi
4 Mini-Gärtnergurken
4 Scheiben Rouladen (aus der Oberschale)
4 TL scharfer Senf
Meersalz
4 EL Rapsöl
2 EL Tomatenmark
200 ml trockener Rotwein
1 Spritzer Whisky balsamico (ersatzweise Aceto balsamico)
½ l Rinderfond

Für das Dinkelgemüse:
1 Schalotte
2 EL Olivenöl
50 g Dinkel
100 ml trockener Weißwein
200 ml Fleischbrühe

1 Für die Rouladen Möhren, Eiszapfen, Spargel und Kohlrabi putzen und schälen. Die Möhren, die Eiszapfen und den Spargel längs vierteln oder fünfteln und längs in Stücke von der Breite der Rouladen schneiden. Den Kohlrabi putzen, schälen, in 5 mm dicke Scheiben und diese in ebenso breite Streifen schneiden. Die Gurken putzen und waschen, längs in 5 mm breite Stifte schneiden. Die Gurkenstifte ebenfalls auf die Breite der Rouladen zuschneiden.

2 Die Rouladen auslegen, mit Senf bestreichen und leicht mit Meersalz würzen. Im unteren Drittel der Fleischscheiben von jeder Gemüsesorte jeweils 1 Stick legen. Die Rouladen aufrollen und die Enden mit Spießen fixieren oder die Rouladen mit Küchengarn umwickeln. Die Rouladen mit Meersalz würzen.

3 Das restliche Gemüse in kleine Würfel schneiden. Das Öl in einem Topf erhitzen und die Rouladen darin rundherum anbraten. Das Gemüse dazugeben und ebenfalls anbraten. Das Tomatenmark in einem kleinen Topf kurz anrösten und zum Gemüse geben. Den Wein und den Essig angießen und etwa 1 Minute einköcheln lassen. Dann den Fond hinzufügen und die Rouladen zugedeckt etwa 2 Stunden gar köcheln lassen.

4 Für das Dinkelgemüse die Schalotte schälen und in feine Würfel schneiden. Das Olivenöl in einem Topf erhitzen und die Schalotte darin andünsten. Den Dinkel dazugeben und etwa 3 Minuten mitdünsten. Den Wein angießen und etwa 1 Minute köcheln lassen. Dann die Brühe hinzufügen und den Dinkel zugedeckt etwa 25 Minuten weich köcheln.

5 Das Gemüse mit dem Schaumlöffel aus der Rouladensauce fischen und unter den Dinkel mischen. Die Rouladen herausnehmen, die Sauce durch ein Sieb in einen Topf gießen und sämig einkochen lassen.

6 Das Dinkelgemüse auf Teller verteilen. Die Rouladen dritteln und auf dem Gemüse anrichten. Nach Belieben mit Gewürztagetesblättern garnieren. Dazu passen Semmel- oder Kartoffelknödel.

Schweinekotelett mit gegrilltem Spargel und Kräuterquark

Für 4 Personen

Für die Ofenkartoffeln:
ca. 200 g Meersalz
16 junge Kartoffeln

Für die Koteletts:
4 Schweinekoteletts (à ca. 250 g;
z.B. vom Duroc-Schwein)
Meersalz
200 ml Rapsöl

Für den Kräuterquark:
¼ Bund Schnittlauch
1 Stiel Petersilie
2 Stiele Kerbel
100 g Speisequark
Meersalz
Pfeffer aus der Mühle

Für den Spargel:
12 Stangen weißer Spargel
etwas Rapsöl
Meersalz

1 Für die Ofenkartoffeln den Backofen auf 160 °C vorheizen. Ein Backblech mit Meersalz bestreuen. Die Kartoffeln waschen und trocken reiben, auf das Salzbett setzen und etwa 30 Minuten (je nach Größe) garen. Herausnehmen und beiseitestellen.

2 Für die Koteletts den Backofen auf 80 °C vorheizen. Die Koteletts waschen, trocken tupfen und mit Meersalz würzen. In der Grillpfanne 4 EL Öl erhitzen und die Koteletts darin auf jeder Seite etwa 40 Sekunden anbraten. Die Koteletts auf dem Ofengitter im Backofen auf der mittleren Schiene 10 bis 25 Minuten garen, bis die Kerntemperatur 62 °C beträgt.

3 Für den Kräuterquark den Schnittlauch waschen, trocken schütteln und in feine Ringe schneiden. Petersilie und Kerbel waschen und trocken tupfen, die Blätter abzupfen und fein schneiden. Den Quark mit den Kräutern, Meersalz und Pfeffer verrühren.

4 Die Koteletts aus dem Backofen nehmen und die Kartoffeln wieder im Ofen erwärmen. Den Fettrand der Koteletts in kleinem Abstand einschneiden (das geht am besten mit einem Cuttermesser, einer Rasierklinge oder einem einfachen dünnen Messer). Das restliche Öl in einer Pfanne erhitzen und den Fettrand der Koteletts darin etwa 10 Minuten knusprig braten (die Koteletts dafür aufrecht stehend z.B. mit einer Klammer halten).

5 Inzwischen den Spargel waschen, schälen und die holzigen Enden abschneiden. Die Stangen längs halbieren, mit Öl einstreichen, mit Meersalz würzen und in der Grillpfanne auf jeder Seite etwa 5 Minuten braten.

6 Die Koteletts auf die Teller verteilen. Den Spargel darauflegen und die Kartoffeln sowie den Kräuterquark daneben anrichten. Nach Belieben mit Rosmarin garnieren.

Tipp

Das Salz vom Kartoffelgaren
bewahre ich in einem Glas
auf und verwende es für ein
anderes Salzbett oder für
Nudelwasser.

Schweinebauch mit Kartoffelküchlein, Radieschen und Eiszapfen

Für 4 Personen

Für den Schweinebauch:
400 g Schweinebauch
Meersalz
100 ml Rapsöl

Für den Kräuterkefir:
100 ml Kefir
4 EL gemischte gehackte Kräuter
(z.B. Schnittlauch, Kerbel, Petersilie,
Koriander)
Meersalz

Für die Tomaten:
2 Ochsenherztomaten
Meersalz
Zucker
2 EL hochwertiges Olivenöl

Für die Kartoffelküchlein:
200 g vorwiegend festkochende
Kartoffeln
4 Bärlauchblätter
2 Eiweiß
Meersalz
3 EL Rapsöl

Für die Eiszapfen:
4 Eiszapfen (weiße, lange Radieschen)
1 EL Zucker
20 g Butter
Meersalz

Außerdem:
4 Radieschen

1 Den Schweinebauch in einem Kunststoffbeutel mit einem Vakuumiergerät luftdicht verschließen. Alternativ das Fleisch straff in Frischhaltefolie wickeln, die Enden gut zudrehen und den Vorgang mit Alufolie wiederholen. Den Schweinebauch im Wasserbad bei 56 °C (mit einem Küchenthermometer prüfen) 10 Stunden garen.

2 Für den Kräuterkefir den Kefir mit den Kräutern und etwas Meersalz in einem hohen Rührbecher mit dem Stabmixer fein pürieren.

3 Für die Tomaten die Ochsenherztomaten waschen und in 3 mm dicke Scheiben schneiden, dabei die Stielansätze entfernen. Mit einem Ausstecher den Rand der Tomatenscheiben abstechen. Die Tomaten auf eine Platte legen, mit Meersalz und 1 Prise Zucker würzen und mit dem Olivenöl beträufeln. Die Tomaten mindestens 5 Minuten ziehen lassen.

4 Für die Kartoffelküchlein die Kartoffeln schälen, fein reiben und in einem Küchentuch die Flüssigkeit ausdrücken. Den Bärlauch waschen, trocken tupfen und in feine Streifen schneiden. Das Eiweiß mit etwas Meersalz zu einem steifen Schnee schlagen. Den Bärlauch unter die Kartoffeln mischen und den Eischnee unterheben.

5 Das Öl in einer Pfanne erhitzen und mit einem Esslöffel kleine Kleckse Kartoffelmasse hineingeben. Jeweils etwas flach drücken und auf jeder Seite etwa 1 Minute goldbraun braten. Falls nötig, zum Schluss noch einen Deckel auflegen und die Küchlein 1 weitere Minute garen.

6 Die Eiszapfen putzen, schälen und längs vierteln. Den Zucker in einer Pfanne goldbraun karamellisieren. Die Butter und die Eiszapfen dazugeben und etwa 1 Minute schwenken. Mit Meersalz würzen. Die Radieschen putzen, waschen und fein reiben.

7 Den Schweinebauch aus der Folie nehmen, trocken tupfen, in 4 Scheiben schneiden und kräftig mit Meersalz würzen. Das Öl in einer Pfanne erhitzen und den Schweinebauch darin auf jeder Seite etwa 4 Minuten kräftig anbraten.

8 Die Tomaten auf Teller verteilen. Die Schweinebauchscheiben diagonal halbieren und auf den Tomaten anrichten. Die Kartoffelküchlein, die Eiszapfen und die Radieschen daneben anrichten und den Kräuterkefir danebenträufeln. Nach Belieben mit Hornveilchen und Löwenzahnblättern garnieren.

Tipp

Wenn's schnell gehen soll, kann man den Schweinebauch auch einfach in Salzwasser mit 1 Lorbeerblatt und 1 Zwiebel garen. Das dauert etwa 1 Stunde.

Huchen mit Spargelmarmelade, Brunnenkresse und Forellenkaviar

Für 4 Personen

Für die Spargelmarmelade:
8 Stangen weißer Spargel
1 Chilischote
1 kleine Schalotte
4 EL Gelierzucker (3:1)
1 EL Holunderblüten-Aceto-balsamico
(oder Balsamico bianco)
Meersalz

Für den Huchen:
600 g Huchenfilets
Meersalz
2 Stiele Estragon
½ Knoblauchzehe
100 ml Weißwein
25 ml Noilly Prat (franz. Wermut)
40 g Butter

Außerdem:
ein paar Stiele Brunnenkresse
ca. 50 g Forellenkaviar

1 Für die Spargelmarmelade den Spargel waschen, schälen und die holzigen Enden abschneiden. Die Stangen in etwa 5 mm dicke Scheiben schneiden. Die Chilischote längs aufschneiden, entkernen, waschen und in feine Würfel schneiden. Die Schalotte schälen und in feine Würfel schneiden.

2 Den Spargel mit Chili, Schalotte, Gelierzucker, Essig und etwas Meersalz in einem Topf etwa 3 Minuten köcheln lassen. Die Marmelade in ein Einmachglas füllen, verschließen und abkühlen lassen.

3 Für den Huchen die Fischfilets waschen, trocken tupfen und mit Meersalz würzen. Den Estragon waschen und trocken tupfen. Den Knoblauch in der Schale andrücken.

4 Den Wein in einer Pfanne mit Noilly Prat, Butter, Estragon und Knoblauch aufkochen. Die Huchenfilets hineinlegen und auf jeder Seite je nach Dicke des Filets 1 bis 3 Minuten köcheln lassen. Die Huchenfilets in 4 Stücke schneiden.

5 Die Brunnenkresse verlesen, waschen, trocken schleudern und die Blätter abzupfen. Die Spargelmarmelade in einem Ring (etwa 6 cm Durchmesser) auf den Tellern anrichten, jeweils 1 Huchenfiletstück darauflegen und obenauf 1 EL Kaviar anrichten. Ein paar Brunnenkresseblätter auf und neben dem Huchen verteilen.

Erdbeeren und Quark im Glas

Für 4 Personen

Für die Böden:
100 g Löffelbiskuits
75 g Butter

Für den Quark:
1 Blatt Gelatine
115 g Speisequark (20 % Fett)
120 g saure Sahne
1 Eiweiß
60 g Zucker
60 g Sahne

Für die Erdbeeren:
160 g Erdbeeren
40 g Zucker
1 Spritzer Holunderblüten-Balsamico-bianco (ersatzweise sehr guter Balsamico bianco)
2 Minzeblätter

1 Für die Böden die Löffelbiskuits und die Butter im Küchenmixer oder mit dem Stabmixer mischen. Die Masse etwa 1 Stunde im Kühlschrank fest werden lassen. Dann die Biskuitmasse in vier Gläser verteilen und gut andrücken.

2 Für den Quark die Gelatine in kaltem Wasser einweichen. Den Quark und die saure Sahne in einer Schüssel verrühren. Das Eiweiß und den Zucker zu einem steifen Schnee schlagen. Die Sahne ebenfalls steif schlagen. Etwas Quarkmasse in einem Topf erhitzen (nicht kochen), vom Herd nehmen und die ausgedrückte Gelatine unter Rühren darin auflösen.

3 Die Gelatinemischung unter die restliche Quarkmasse rühren. Dann den Eischnee und anschließend die Sahne unterheben. Die Frischkäsemasse in einen Spritzbeutel füllen, auf die Böden in den Gläsern verteilen und etwa 7 Stunden im Kühlschrank fest werden lassen.

4 Kurz vor dem Servieren die Erdbeeren waschen, putzen, vierteln und in einer Schüssel mit dem Zucker und dem Essig mischen. Die Minze waschen, trocken tupfen, in feine Streifen schneiden und unter die Erdbeeren mischen. Die Erdbeeren auf dem Frischkäse anrichten, nach Belieben mit Minzeblättern garnieren und mit Puderzucker bestäuben.

Tipp

Statt Löffelbiskuits kann man für dieses frische Dessert auch alle anderen trockenen Kekse verwenden – von Butterkeksen bis hin zu Cantuccini.

Haferflocken-Quarkpudding mit Erdbeeren und Rhabarber

Für 4 Personen

75 g Butter
¼ l Milch
Meersalz
250 g Haferflocken
4 Erdbeeren
½ Stange Rhabarber
4 Eier
150 g Zucker
250 g Speisequark (20 % Fett)
2 EL Mehl
Butter und Zucker für die Formen

1 Die Butter in einem Topf so lange köcheln, bis sie goldbraun ist. Die Milch mit 1 Prise Meersalz erwärmen und die braune Butter unterrühren. Die Haferflocken in einer Schüssel mit der Milchmischung übergießen und 10 Minuten quellen lassen.

2 Den Backofen auf 160 °C Umluft vorheizen. Die Erdbeeren waschen, putzen und in 1 cm breite Spalten schneiden. Den Rhabarber putzen, schälen und in 1 cm große Stücke schneiden. Die Eier trennen und die Eiweiße mit dem Zucker zu einem steifen Schnee schlagen, bis sich der Zucker aufgelöst hat. Den Quark in einer Schüssel mit dem Mehl und den Eigelben verrühren, dann die Haferflocken untermischen. Zuerst den Eischnee, dann die Erdbeeren mit dem Rhabarber unter die Quarkmasse heben.

3 Vier ofenfeste Portionsförmchen (8 bis 10 cm Durchmesser) mit Butter einfetten und mit Zucker ausstreuen. Die Quarkmasse in die Förmchen füllen. In einen weiten Topf etwa 1 cm hoch Wasser füllen und die Förmchen hineinstellen. Den Topf zugedeckt in den Backofen stellen und die Quarkmasse etwa 1 Stunde stocken lassen.

4 Den Haferflocken-Quarkpudding lauwarm abkühlen lassen, nach Belieben mit Puderzucker bestäuben und mit Erdbeeren garniert servieren.

Haselnusskuchen mit Erdbeer-Rhabarber-Kompott und Waldmeistersirup

Für 4 Personen

Für den Sirup:
6 Stiele Waldmeister
30 ml trockener Riesling
80 g Zucker

Für den Haselnusskuchen:
100 g weiche Butter
100 g Zucker
2 Eier
100 g Mehl
100 g gemahlene Haselnüsse

Für das Kompott:
150 g Erdbeeren
1 EL Zucker
50 ml Rhabarbernektar
25 g Butter
70 g Rhabarber

Außerdem:
Butter und Mehl für die Form

1 Am Vortag für den Sirup den Waldmeister waschen und mit dem Wein, dem Zucker und 100 ml Wasser in einem Topf aufkochen. Die Mischung zugedeckt etwa 24 Stunden ziehen lassen.

2 Am Zubereitungstag für den Haselnusskuchen den Backofen auf 160 °C vorheizen. Die Butter mit dem Zucker cremig rühren. Die Eier nacheinander unterrühren. Das Mehl sieben und mit den Haselnüssen mischen. Die Nuss-Mehl-Mischung unter die Butter-Eier-Masse rühren. Eine kleine Springform (etwa 20 cm Durchmesser) mit Butter einfetten und mit Mehl ausstäuben. Den Nussteig in die Form füllen (etwa 3 bis 4 cm hoch), glatt streichen und im Backofen 30 bis 40 Minuten goldbraun backen. Den Kuchen herausnehmen und in der Form auskühlen lassen.

3 Für das Kompott die Erdbeeren waschen und putzen. Den Zucker gleichmäßig in einem Topf verteilen und bei mittlerer Hitze goldbraun karamellisieren. Den Rhabarbernektar angießen und köcheln, bis sich der Karamell gelöst hat. Sechs Erdbeeren, die Butter und den Rhabarbersirup in einem hohen Rührbecher mit dem Stabmixer pürieren.

4 Den Rhabarber putzen, schälen und in etwa 3 mm dicke Stücke schneiden. Die restlichen Erdbeeren ebenfalls in etwa 3 mm breite Stücke schneiden. Erdbeeren und Rhabarber in einer Schüssel mit der heißen Fruchtsauce übergießen und unter gelegentlichem Rühren lauwarm abkühlen lassen.

5 Aus dem Haselnusskuchen mit einem Ausstecher oder Glas 4 Kreise von etwa 6 cm Durchmesser ausstechen. In vier Schälchen jeweils etwas Waldmeistersirup geben, einen Kuchen hineinsetzen und mit Waldmeistersirup bestreichen. Das Erdbeer-Rhabarber-Kompott auf den Haselnusskuchen anrichten und nach Belieben mit Minzeblättern und Hornveilchen garnieren.

Tipp

Den restlichen Haselnusskuchen krümele ich klein, lasse ihn trocknen und bewahre ihn in einem Glas auf. So habe ich für Desserts immer ein paar feine Nuss-Crumbles zur Hand.

SOMMER

Wenn ich jemals auswandern werde, dann aus einem einzigen Grund: wegen der Temperatur. Ich bin der totale Sommertyp, ich brauche die Hitze, und für mich als Motorradfahrer gibt es nichts Schöneres, als bei gutem Wetter durch die Gegend zu knattern. Dann fühle ich mich wie ein bayerisch-badischer Easy Rider. Und für einen Koch ist der Sommer sowieso das Allerhöchste, weil die Natur jetzt am großzügigsten mit ihren Schätzen ist. Allein der Duft eines frisch gestochenen Kopfsalats! Manchmal wünsche ich mir, der Sommer wäre unsere einzige Jahreszeit.

Damit koche ich im Sommer.

Auch nördlich vom Brenner weht in der Jahresmitte eine sonnenwarme mediterrane Brise – Tomaten, Zucchini, Paprika und Auberginen sei Dank.

+ Artischocken
Es lohnt sich, diesem Gemüse auf den Grund zu gehen: Hat man erst mal die stacheligen Blätter und das „Heu" entfernt, wird man reich belohnt. Der Boden ist eine Delikatesse, den man mit Zitronensaft, Salz und Olivenöl mariniert oder dünn hobelt und zu knusprigen Chips frittiert.

+ Auberginen
Damit sie sich nicht wie ein Schwamm mit Öl vollsaugen, bestreut man Auberginenscheiben vor dem Braten mit Salz, lässt sie 10 Minuten ziehen und tupft sie trocken. Am liebsten mag ich Auberginen als Püree: Einfach halbieren, mit Olivenöl beträufeln und rein in den Ofen (1 Stunde bei 180 °C). Das Fruchtfleisch aus der Schale kratzen, pürieren, mit Salz und Knoblauch würzen.

+ Beeren
Ich bin am Rande eines Dorfs aufgewachsen, deshalb sind Beeren für mich Sommer pur! Johannisbeeren, Stachelbeeren, Jostabeeren, Heidelbeeren, Himbeeren, Erdbeeren und Brombeeren sind grenzenloses Vergnügen – zum Naschen oder in Form von köstlichen Kuchen, Marmeladen, Saucen, Sorbets.

+ Flusskrebse
Sie machen viel Arbeit, und das ist gut so: Denn dadurch bewahrt man einen gewissen Respekt vor den urtümlichen heimischen Flussbewohnern. Ich mag die Süßwasserkrebse aus heimischer Zucht am liebsten pur oder kurz in Butter geschwenkt.

+ Kohlrabi
Sie sind die ideale Basis für Salate oder Gemüsespaghetti: Einfach mit Salz und Öl anmachen, zum Beispiel Senföl, oder kurz andünsten, würzen und als warmes Gemüse servieren. Ich verwende nicht nur die Knollen, sondern auch die kleinen Blätter.

+ Kopfsalat
Der Klassiker wird stark unterschätzt, denn er hat viel zu bieten. Ich bereite ihn nicht nur als Salat, sondern auch als zartes Gemüse zu. Dafür einfach kurz andünsten, mit Meersalz würzen und nach Belieben noch einen Löffel Crème fraîche untermischen. Immer gilt: Kopfsalat muss superfrisch sein.

+ Minze
Sie wächst wie Unkraut und ist deshalb im Topf oder Garten immer verfügbar: für Tees, kalt oder warm, Desserts oder als hübscher grüner Hingucker auf Gerichten. Minze ist sehr intensiv – deshalb mache ich aus den Blättern gerne einen Auszug, also einen Tee, mit dem ich das frische Minzearoma fein dosiert in Desserts mischen kann.

+ Paprika
Das mediterrane Gemüse schlechthin, aber im Sommer wächst Paprika auch in unseren Breiten. Ich knabbere Paprika leidenschaftlich gerne roh, mische sie in Salate oder brate sie kurz an – und natürlich schmeckt sie klasse vom Grill.

+ Tomaten
Sommer ohne Tomaten geht nicht! Mein Lieblingsgericht ist, ganz klassisch, Tomate mit Mozzarella. Was ich auch gerne mag: weißen Tomatensaft. Häufig verwendet man beim Kochen ja nur das Fruchtfleisch der Tomaten. Die Kerne gebe ich dann in ein Sieb und lasse sie über Nacht im Kühlschrank abtropfen.

+ Zucchini
Als Rohkost kennt man das „neutrale" Gemüse kaum. Dabei schmeckt es fein geraspelt in Salaten oder Quark einfach superlecker! Damit Zucchini schön knackig bleiben, bewahre ich sie mit angefeuchtetem Küchenpapier in einer Box im Kühlschrank auf.

Minze-Shot mit Apfel und Gurke

Für 4 Personen

2 Salatgurken
1 Chilischote
2 Äpfel
½ Bund Minze
2 EL Speisequark (20 % Fett)
Meersalz

1 Die Gurken waschen, längs halbieren und die Kerne mit einem Löffel entfernen. Die Chilischote längs halbieren, entkernen, waschen und in Stücke schneiden. Die Äpfel waschen, vierteln und die Kerngehäuse entfernen. Die Minze waschen, trocken schütteln und die Blätter abzupfen.

2 Die vorbereiteten Zutaten mit dem Quark und Meersalz im Küchenmixer pürieren. Mit Meersalz abschmecken und auf vier Gläser verteilen.

Paprika-Apfel-Smoothie

Für 2–4 Personen

1 Apfel
2 gelbe Paprikaschoten
10 kleine Kapuzinerkresseblätter
2 Senfspinatblätter
1 Kästchen Gartenkresse
6 Haselnusskerne
1 EL Senföl
Meersalz

1 Den Apfel waschen, vierteln und das Kerngehäuse entfernen. Die Paprikaschoten längs halbieren, entkernen, waschen und grob schneiden. Die Kapuzinerkresse- und Senfspinatblätter waschen und trocken schütteln. Die Kresse vom Beet schneiden, waschen und trocken tupfen.

2 Alle Zutaten im Küchenmixer etwa 2 Minuten fein pürieren, in Gläser füllen und sofort genießen.

Tipp

Ich liebe sämige Smoothies. Wer sie ein wenig flüssiger mag, mixt einfach noch einen Schuss Apfelsaft darunter. Smoothie-Varianten kann man übrigens ganz leicht selbst kreieren: Man mixt einfach alles an Gemüse, Obst und Kräutern zusammen, worauf man Lust hat. Lediglich bei sehr intensiven oder harten Kräutern wie Rosmarin, Thymian, Salbei und Estragon sollte man vorsichtig sein. Ideal sind neben den oben verwendeten Kräutern Minze, Melisse, Basilikum, Koriander, Fenchelkraut und Currykraut.

Ciabatta mit Auberginenkompott, Knoblauchcreme und Rucolasalat

Für 4 Personen

Für das Auberginenkompott:
1 Aubergine
4 EL Olivenöl
Meersalz
1 Schalotte
1 Knoblauchzehe

Für die Knoblauchcreme:
4 junge Knoblauchknollen mit Stiel
1 weiße Zwiebel
3 EL Olivenöl
100 ml trockener Weißwein
Meersalz
20–50 g Sahne

Für den Salat:
4 Handvoll Rucola
2 EL Hühnerbrühe
2 EL klarer Tomatensaft (siehe S. 92)
2 EL Balsamico bianco
1 EL Honig
1 TL scharfer Senf
Meersalz
5 EL Olivenöl

Außerdem:
1 gelbe Tomate
1 rote Tomate
8 Kirschtomaten
4 Scheiben Ciabatta-Brot
12 Basilikumspitzen (kleinblättriges Basilikum)

1 Für das Auberginenkompott den Backofen auf 160 °C Umluft vorheizen. Die Aubergine waschen, längs halbieren und das Fruchtfleisch mehrmals rautenförmig einritzen. Jede Hälfte mit 2 EL Olivenöl beträufeln und mit Meersalz würzen. Die Auberginen auf ein mit Backpapier belegtes Backblech setzen. Die Schalotte und den Knoblauch schälen, in Scheiben schneiden und auf den Auberginen verteilen. Die Auberginen im Backofen auf der mittleren Schiene etwa 45 Minuten weich garen.

2 Das Fruchtfleisch der Aubergine mit einem Löffel auslösen und fein hacken. Mit den Schalotten und dem Knoblauch in einen Topf geben, etwa 5 Minuten rösten und mit Meersalz abschmecken.

3 Für die Knoblauchcreme den Stiel der Knoblauchknollen abschneiden, waschen und beiseitelegen. Den Knoblauch schälen und in Würfel schneiden. Die Zwiebel schälen und ebenfalls in Würfel schneiden. Das Olivenöl in einem Topf erhitzen und den Knoblauch mit der Zwiebel darin andünsten. Mit dem Wein ablöschen und mit Meersalz würzen. Knoblauch und Zwiebel zugedeckt 15 bis 20 Minuten weich garen. Die Sahne hinzufügen und mit dem Stabmixer fein pürieren. Die Creme mit Meersalz abschmecken.

4 Für den Salat den Rucola verlesen, waschen und trocken schütteln, grobe Stiele entfernen. Die übrigen Zutaten in einer Schüssel zu einer Vinaigrette verrühren und mit dem Rucola mischen.

5 Die Tomaten waschen. Die gelbe und die rote Tomate vierteln, entkernen und die Stielansätze entfernen, das Fruchtfleisch in Würfel schneiden. Die Kirschtomaten in Scheiben schneiden.

6 Die Ciabatta-Scheiben im Toaster oder in einer Pfanne (nach Belieben mit etwas Olivenöl und Kräutern) goldbraun rösten. Jeweils etwas Auberginenkompott darauf verteilen und die Knoblauchcreme darüberträufeln. Die Tomatenwürfel und -scheiben daraufgeben. Die Knoblauchstiele in Scheiben schneiden und mit den Basilikumspitzen auf die Ciabattas geben. Den Rucola mit den restlichen Tomaten mischen (falls noch etwas übrig ist) und in Schälchen verteilen. Die Ciabattas mit dem Rucolasalat servieren.

Briochetürmchen mit Feigen, Sellerie und Bergkäse

Für 4 Personen

Für die Brioche:
Butter für die Form
70 ml Milch
1/3 Würfel Hefe (ca. 14 g)
325 g Butter
500 g Mehl
15 g Salz
25 g Puderzucker
6 Eier

Für den Belag:
4 Stangen Staudensellerie
Meersalz
Zucker
100 g Bergkäse
10 Feigen
4 EL Feigensenf

1 Für die Brioche eine Kastenform (30 cm Länge) mit Butter einfetten. Die Milch lauwarm erhitzen und die Hefe darin auflösen. Die Butter in einem Topf zerlassen und abkühlen lassen. Das Mehl mit Salz und Puderzucker in einer Schüssel mischen und in die Mitte eine Mulde drücken. Die Eier in einer Schüssel verquirlen.

2 Die Hefemilch unter Rühren in die Mehlmulde gießen, dann die Eier und zum Schluss die Butter unterrühren. Alles miteinander verkneten und den Teig mit einem Küchentuch bedeckt etwa 1 Stunde an einem warmen Ort gehen lassen. Den Teig noch einmal durchkneten, länglich formen und in die Kastenform geben. Erneut 1 Stunde gehen lassen.

3 Den Backofen auf 160 °C vorheizen. Die Brioche im Ofen auf der mittleren Schiene etwa 40 Minuten goldbraun backen. Herausnehmen und ein paar Minuten in der Form ruhen lassen, dann auf ein Kuchengitter stürzen und auskühlen lassen.

4 Für den Belag den Sellerie putzen, waschen und das Grün beiseitelegen. Die Enden der Stangen abschneiden, die Haut mit einem Messer leicht einschneiden und die Fäden abziehen. Den Sellerie in 6 cm lange Stücke und diese längs in 2 mm dicke Streifen schneiden. Die Selleriestreifen leicht mit Meersalz und Zucker bestreuen. Den Bergkäse entrinden und in 6 cm lange Scheiben hobeln.

5 Die Brioche in ½ cm dicke Scheiben schneiden und mit einem Ausstecher oder Glas 36 Kreise von etwa 4 cm Durchmesser ausstechen. Die Feigen waschen, den Stielansatz entfernen und die Früchte quer in Scheiben schneiden, dabei die oberen Scheiben vierteln.

6 Zwölf Briochescheiben auf einer Platte auslegen. Jeweils 1 Feigenscheibe, ein paar Sellerie- und Käsestreifen sowie etwas Feigensenf daraufgeben. Mit einer zweiten Briochescheibe abdecken und erneut Feige, Sellerie, Käse und Feigensenf daraufgeben. Mit einer dritten Scheibe Brioche und einem Feigenstückchen bedecken. Die Türmchen mit Holz- oder Bambusspießen fixieren und nach Belieben mit feinen Schnittlauchhalmen garnieren.

Tipp

Die Briochereste kann man einfach trocknen, zerkrümeln oder reiben und für süße Butterbrösel verwenden – zum Beispiel als Topping auf Topfenknödeln.

Bauernbrot mit Auberginencreme im Schalottenring

Für 4 Personen

Für die Auberginencreme:
1 Aubergine
Meersalz
4 EL Olivenöl
1 Schalotte
25 g Butter

Für die Haselnuss-Crème-fraîche:
4 EL Crème fraîche
1 TL gehackte Haselnüsse
1 TL Haselnussöl
Meersalz
Pfeffer aus der Mühle

Für die Schalottenringe:
4 Schalotten
1 EL Balsamico bianco
Meersalz
Zucker

Außerdem:
4 Scheiben Bauernbrot

1 Für die Auberginencreme den Backofen auf 160 °C vorheizen. Die Aubergine waschen und längs halbieren, das Fruchtfleisch mehrmals rautenförmig einschneiden und mit Meersalz würzen. Die Hälften in eine ofenfeste Form geben und das Olivenöl darüberträufeln. Die Aubergine im Ofen auf der mittleren Schiene etwa 1 Stunde garen.

2 Die Aubergine kurz abkühlen lassen, dann das Fruchtfleisch mit einem Löffel aus der Schale kratzen. Die Schalotte schälen und in feine Würfel schneiden. Die Butter in einem Topf erhitzen und die Schalotte mit dem Auberginenfruchtfleisch darin etwa 10 Minuten anbraten. Die Auberginen-Schalotten-Mischung im Küchenmixer etwa 10 Minuten fein pürieren. Die Creme mit Meersalz abschmecken.

3 Für die Haselnuss-Crème-fraîche alle Zutaten in einer Schüssel verrühren und mit Meersalz und Pfeffer würzen.

4 Für die Schalottenringe die Schalotten schälen. In einem Topf 300 ml Wasser mit dem Essig, Meersalz und 1 Prise Zucker aufkochen. Die Schalotten in dem köchelnden Wasser je nach Größe 5 bis 10 Minuten garen. Mit dem Schaumlöffel herausheben, auskühlen lassen und quer in 1 ½ cm dicke Scheiben schneiden. Die Scheiben in die einzelnen Ringe zerlegen.

5 Die Bauernbrote in Stücke schneiden, mit der Haselnuss-Crème-fraîche bestreichen und jeweils ein paar Schalottenringe daraufsetzen. Die Auberginencreme in einen Spritzbeutel mit kleiner Tülle füllen und in die Schalottenringe verteilen. Nach Belieben mit Mini-Blutampfer garnieren.

Lauwarme Kartoffel-Buttermilch-Suppe mit Perlhuhnspieß

Für 4 Personen

Für die Suppe:
500 g vorwiegend festkochende Kartoffeln
3 Schalotten
3 EL Olivenöl
200 ml trockener Weißwein
600 ml Hühnerbrühe
1 EL Meersalz
2 Stiele Zitronenverbene
300 ml Buttermilch

Für den Spieß:
2 Perlhuhnbrüste (à ca. 180 g)
Meersalz
4 EL Rapsöl

Außerdem:
1 Chilischote
¼ Bund Koriander

1 Für die Suppe die Kartoffeln schälen, waschen und in dünne Scheiben schneiden. Die Schalotten schälen und in feine Ringe schneiden.

2 Das Olivenöl in einer Pfanne erhitzen, die Kartoffeln und die Schalotten darin andünsten. Mit Wein ablöschen, etwas einköcheln lassen und die Brühe angießen. Das Meersalz hinzufügen und die Kartoffeln 10 Minuten köcheln lassen.

3 Inzwischen für den Spieß den Backofen auf 180 °C vorheizen. Die Perlhuhnbrüste waschen und trocken tupfen. Die Haut entfernen und die Knochen auslösen. Das Fleisch in 3 cm breite Streifen schneiden, wellenförmig auf vier Schaschlikspieße stecken und mit Meersalz würzen.

4 Das Öl in einer Pfanne erhitzen und die Spieße darin rundherum goldbraun anbraten. Die Spieße auf eine ofenfeste Platte legen und im Ofen auf der mittleren Schiene etwa 13 Minuten weitergaren.

5 Die Zitronenverbene waschen und trocken tupfen, zu den Kartoffeln geben und weitere 15 Minuten köcheln lassen. Dann die Kräuterstiele herausfischen und die Kartoffeln samt Brühe mit dem Stabmixer oder im Küchenmixer pürieren. Die Buttermilch untermixen und die Suppe mit Meersalz abschmecken.

6 Die Chilischote waschen und schräg in Ringe schneiden. Den Koriander waschen, trocken schütteln und die Blätter abzupfen. Die Suppe in Schälchen verteilen, jeweils 1 Perlhuhnspieß hineinlegen und nach Belieben mit Chiliringen, Koriander und Hornveilchenblüten garnieren.

Tipp
Nachdem die Buttermilch dazugekommen ist, darf die Suppe nicht mehr kochen, da sie sonst ausflockt.

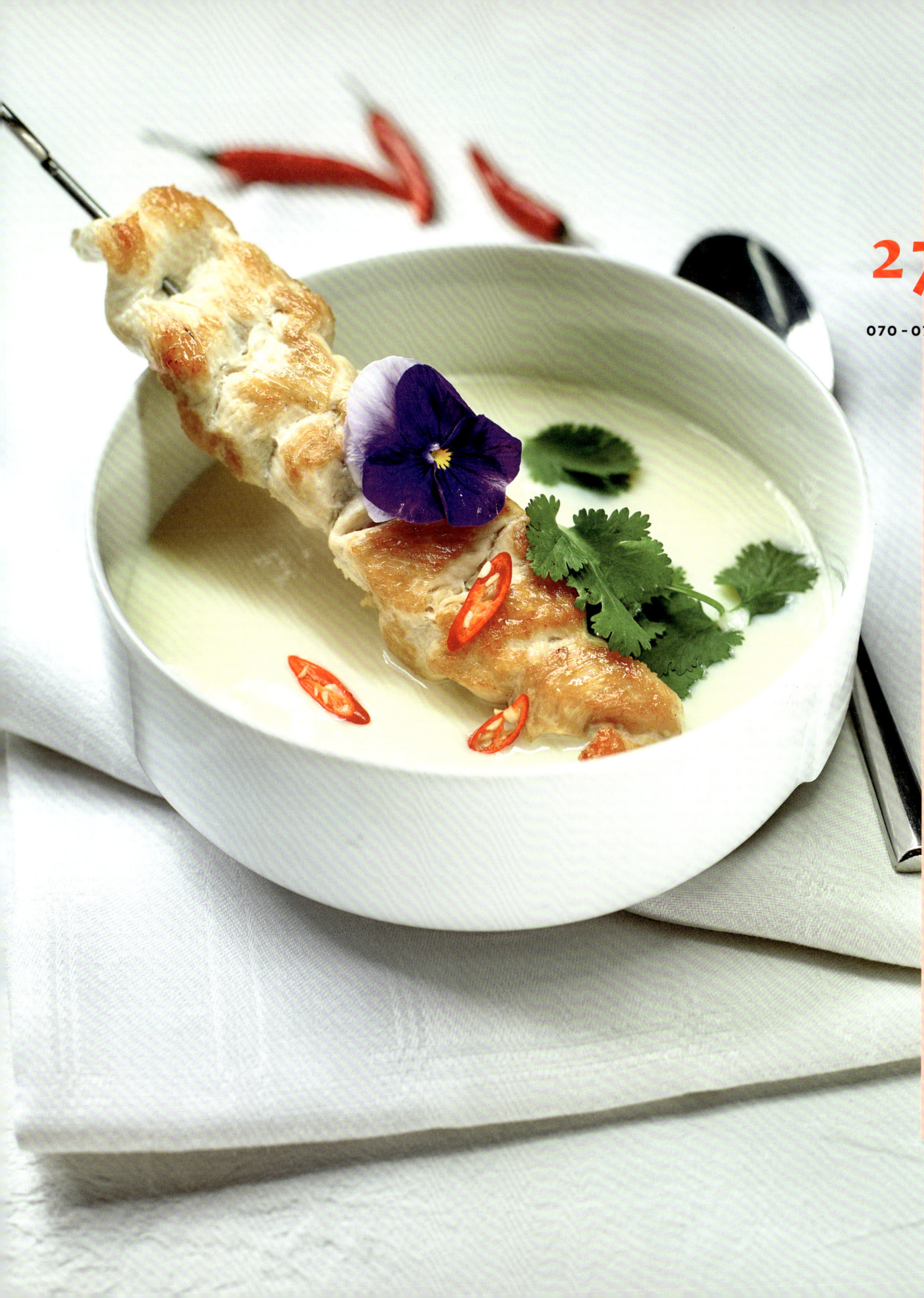

27

070 - 071

Miesmuschelsuppe mit Krautflecken, Birne und Koriander

Für 4 Personen

ca. 30 Miesmuscheln
1 gelbe Möhre
¼ Staudensellerie
½ Zwiebel
1 Knoblauchzehe
300 ml trockener Weißwein
10 Weißkohlblätter
100 ml Noilly Prat (franz. Wermut)
4 Stiele Koriander
½ Birne
5 EL Olivenöl

1 Die Muscheln unter fließendem kaltem Wasser gründlich ab-bürsten und die Bärte der Muscheln entfernen. Geöffnete Mu-scheln aussortieren.

2 Die Möhre putzen, schälen, halbieren oder vierteln und in Stücke schneiden. Den Sellerie putzen, waschen und in Scheiben schneiden. Die Zwiebel schälen und in feine Würfel schneiden. Den Knoblauch in der Schale andrücken.

3 Einen großen Topf stark erhitzen. Muscheln, Gemüse, Zwiebel, Knoblauch und Wein hineingeben und sofort den Deckel auflegen. Alles 3 bis 6 Minuten köcheln lassen, bis sich die Muscheln geöff-net haben.

4 Die Kohlblätter waschen, trocken schütteln und in kleine Qua-drate schneiden. Die Muscheln mit dem Gemüse in ein Sieb gießen, dabei Exemplare, die sich nicht geöffnet haben, aussortieren. Den Fond mit dem Noilly Prat in einem Topf etwa 3 Minuten köcheln lassen. Den Kohl hinzufügen und etwa 4 Minuten mitköcheln.

5 Den Koriander waschen und trocken tupfen, die Blätter abzup-fen und fein schneiden. Die Birne schälen und das Kerngehäuse entfernen, zuerst in Spalten, dann in Stücke schneiden. Die Birne zum Kohl geben und aufkochen lassen.

6 Die Muscheln und das Gemüse auf tiefe Teller verteilen. Den Fond mit den Krautflecken und der Birne darübergeben. Etwas Koriander darüberstreuen und das Olivenöl darüberträufeln. Die Suppe nach Belieben mit Malvenblüten garnieren.

Gurken-Paprika-Kaltschale

Für 4 Personen

2 Salatgurken
2 gelbe Paprikaschoten
1 Chilischote
6 Tomaten
½ Bund Petersilie
Meersalz

1 Die Gurken waschen, längs halbieren und das Kerngehäuse mit einem Teelöffel entfernen. Die Paprika- und Chilischoten längs halbieren, entkernen, waschen und in Stücke schneiden. Die Tomaten waschen, vierteln und dabei die Stielansätze entfernen. Die Petersilie waschen, trocken schütteln und die Blätter abzupfen.

2 Die vorbereiteten Zutaten mit Meersalz im Küchenmixer pürieren und auf Schälchen verteilen. Die Kaltschale nach Belieben mit Kresse und Hornveilchenblüten dekorieren.

Gebeizte Regenbogenforelle mit Kapuzinerkresse und Chioggia-Rübe

Für 4 Personen

Für die Beize:
1 Bund Koriander
½ Bund Petersilie
abgeriebene Schale von 1 Bio-Zitrone
200 g Meersalz
100 g Zucker
3 Wacholderbeeren

Für die Chioggia-Rübe:
1 Tonda di Chioggia (mit Blättern)
Meersalz
Zucker
1 TL Waldhonig

Außerdem:
400 g Regenbogenforellenfilets
(ohne Haut)
einige Scheiben dunkles Brot
einige Kapuzinerkresseblätter
und -blüten

1 Für die Beize die Kräuter waschen, trocken schütteln und grob schneiden. Die Kräuter mit den übrigen Zutaten im Küchenmixer oder mit dem Stabmixer grob mixen. Die Hälfte der Beize in einer flachen Schale verteilen. Die Forellenfilets waschen, trocken tupfen, auf die Beize legen und mit der restlichen Beize bedecken. Die Forellenfilets etwa 1 bis 2 Stunden marinieren.

2 Für die Chioggia-Rübe die großen Blätter der Bete entfernen, die kleinen Blätter waschen und beiseitelegen. Die Tonda di Chioggia putzen, schälen und in 1 mm dicke Scheiben schneiden oder hobeln. Die Scheiben auf einer Platte verteilen, mit Meersalz, 1 Prise Zucker und dem Waldhonig mischen. Die Tonda di Chioggia etwa 10 Minuten marinieren.

3 Die Forellenfilets grob von der Beize befreien, kalt abwaschen, trocken tupfen und in 2 cm große Würfel schneiden.

4 Die Kapuzinerkresseblätter waschen, trocken tupfen und mit einem Ausstecher (1 cm Durchmesser) Kreise ausstechen. Die Blütenblätter abzupfen.

5 Jede Scheibe Tonda di Chioggia bis zur Mitte einschneiden und die Scheiben jeweils zu einem Hütchen zusammenschieben, umgedreht auf die Brotscheiben legen und jeweils 1 Forellenfiletwürfel hineinsetzen. Mit Kapuzinerkressekreisen und -blüten garnieren und die Brote als Fingerfood servieren.

Auf Fischfang mit
dem Wasserkönig

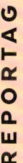

Wenn mein Lammzüchter Franz von Riederer einen Bruder im Geiste hat, dann ist es mein Fischmann Nikolai Birnbaum. Er spricht genauso, lebt genauso, denkt genauso und wohnt beim Ammersee zwischen lauter Teichen, als könnte er seinen Fischen gar nicht nah genug sein. Das Irrste aber ist, dass er sich eine Wasserrutsche vom Balkon seines Hauses in einen Teich mit Zierfischen genau davor gebaut hat. Im Sommer saust er sie hinunter, planscht mit seinen Koi-Karpfen und freut sich dabei wie ein Wasserkönig. Meister Birnbaum hat garantiert nicht alle Tassen im Schrank – aber im absolut positiven Sinn. Ich liebe ja Menschen, die auf Nikolais Weise einen Spleen haben, habe ich ja selbst wie übrigens die meisten Köche.

Genau einen solchen verrückten Enthusiasmus braucht man, wenn man seine Sache mit Liebe und Leidenschaft machen will. Wer einmal erlebt hat, mit welcher Zärtlichkeit Nikolai seine zwei Zentimeter langen Baby-Forellen in die Hand nimmt, der weiß sofort, was ich meine. Viel fehlt nicht, und er würde ihnen allen einen Namen geben. Ein guter Fisch kostet eine Menge Geld, das ist schon wahr. Aber er tut das aus gutem Grund. Nikolai hat mir das einmal am Beispiel seiner Huchen erklärt: Das sind Jäger, deren Fleisch erst dann kräftig und schmackhaft wird, wenn sie älter werden und anfangen, andere Fische zu jagen. Dafür muss man ihnen einfach Zeit geben. Die günstige Ware kriegt dagegen Fischfutter und schmeckt dann entsprechend nach nichts – oder, noch schlimmer, nach Fischfutter.

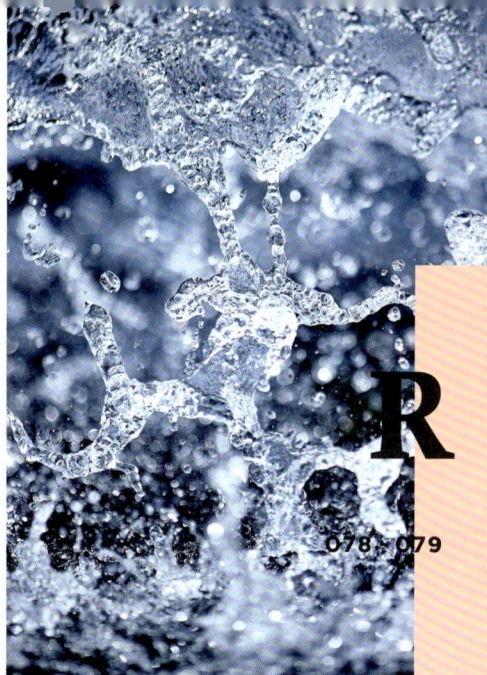

baum's Fischladen

www.fischzucht-birnbaum.de

Filets: Fischspeziali
relle   - Räucherfisch
t   - Lachs
ing   (gebeizt und
e   kaltgeräuc
n   - Fischnocke
         - Lachsfrischk
         - Mousse
         - Fischsalat

Wir leben leider im Thunfischzeitalter und haben völlig vergessen, welche Schätze in unseren Flüssen und Seen herumschwimmen: Saiblinge, Forellen, Zander, Hechte, Huchen, Krebse. Und dass ein guter Fisch gar nicht fischig schmeckt, das haben wir auch verdrängt. Ich höre in meinem Sternerestaurant oft den Satz: „Bitte alles außer Fisch, ich mag den Fischgeschmack nicht so." Leute, kann ich da nur sagen, ihr scheint noch nie einen richtig guten Fisch gegessen zu haben. Der schmeckt würzig, zart, kraftvoll, aber ganz bestimmt nicht fischig. Wenn ein Fisch nach Fisch schmeckt, dann ist der alt, dann will ich den auch nicht mehr essen. Aber so ein geiler, frischer Saibling roh mit Meerrettich aufs Bauernbrot – was Besseres gibt's für mich nicht.

Kräutersalat mit Flusskrebsen und weißer Tomatenmousse

Für 4 Personen

Für die Tomatenmousse:
5 Tomaten
1-2 TL Meersalz
1 EL Gin
1 EL Champagneressig
3 Blatt Gelatine
80 g Sahne

Für die Flusskrebse:
Meersalz
12 Flusskrebse

Für das Tomatenkompott:
2 Tomaten
1 Schalotte
1 Knoblauchzehe
2 EL Olivenöl
Meersalz
je 1 Zweig Rosmarin und Thymian

Für den Kräutersalat:
je 16 Basilikum-, Petersilien- und Kerbelblätter
8 Dillspitzen
20 Korianderblätter
4 Mini-Blutampferblätter
4 Erbsensprossen
8 Hornveilchenblüten

Für die Vinaigrette:
1 EL Hühnerbrühe
Meersalz
1 TL Honig
2 EL Schwarzkirsch-Balsamicoessig aus dem Eichenfass (ersatzweise alter Aceto balsamico)
1 EL Walnussöl
3 EL Leinöl

Außerdem:
4 Kirschtomaten
12 Erbsensprossen
Hornveilchenblüten

1 Für die Tomatenmousse die Tomaten waschen, vierteln und die Stielansätze entfernen. Die Tomaten mit Meersalz, Gin und Essig im Küchenmixer oder mit dem Stabmixer pürieren. Ein Sieb mit einem Passiertuch auslegen, das Tomatenpüree hingeben und den klaren Tomatensaft etwa 3 Stunden in eine Schüssel abtropfen lassen.

2 Die Gelatine in kaltem Wasser einweichen. Den klaren Tomatensaft mit Meersalz abschmecken. ¼ l Saft abmessen und in einem kleinen Topf erhitzen (nicht kochen!). Die Gelatine ausdrücken und unter Rühren in dem Saft auflösen. Die Mischung im kalten Wasserbad rühren, bis sie zu gelieren beginnt. Die Sahne steif schlagen und unter die Tomaten-Gelatine-Mischung heben. Die Tomatenmousse in eine Schüssel geben und etwa 5 Stunden kühl stellen.

3 Für die Flusskrebse in einem großen Topf reichlich Salzwasser aufkochen. Die Flusskrebse in den Topf geben, den Herd ausschalten und die Flußkrebse 2 ½ Minuten garen. Herausnehmen, die Köpfe der Flusskrebse abdrehen, mit einer Schere die Oberseiten aufschneiden und die Schalen samt Schwanzfächer ablösen. Die Flusskrebse am Rücken entlang (nicht zu tief) einschneiden und vorsichtig den Darm herausziehen.

4 Für das Tomatenkompott die Tomaten kreuzweise einritzen und 10 Sekunden in kochendes Wasser legen. Herausheben, kalt abschrecken und häuten. Die Tomaten vierteln, entkernen und in Würfel schneiden. Die Schalotte und den Knoblauch schälen, in feine Würfel schneiden. Das Olivenöl in einer Pfanne erhitzen und die Schalotte und den Knoblauch darin etwa 3 Minuten andünsten. Die Tomaten dazugeben, mit Meersalz würzen und alles etwa 15 Minuten köcheln lassen. Die Kräuter waschen und trocken tupfen, zu den Tomaten geben und das Kompott etwa 5 Minuten auf dem ausgeschalteten Herd ziehen lassen.

5 Für den Kräutersalat alle Zutaten außer den Blütenblättern waschen, trocken schütteln und in einer Schüssel mischen. Für die Vinaigrette die Brühe leicht erwärmen und mit Meersalz würzen. Den Honig und den Essig unterrühren, die beiden Öle mit dem Schneebesen unterschlagen. Den Kräutersalat mit der Vinaigrette mischen, in Schälchen verteilen und die Blütenblätter darauflegen.

6 Die Kirschtomaten waschen und in je 3 Scheiben schneiden. Das Tomatenkompott auf Teller verteilen, dabei die Kräuter entfernen. Mit einem kleinen Kugelausstecher aus der Mousse 12 Kugeln formen und mit den Flusskrebsen auf dem Kompott anrichten. Mit den Kirschtomaten, Erbsensprossen und Hornveilchen garnieren.

Bohnen-Spaghetti mit Makrele und Kartoffelchips

Für 4 Personen

Für die Chips:
Öl zum Frittieren
Meersalz
1 kleine, vorwiegend festkochende Kartoffel

Für die Bohnen-Spaghetti:
1 Schalotte
1 Tomate
½ Chilischote
8 breite grüne Bohnen
3 EL Rapsöl
Meersalz

Für die Makrele:
500 g Makrelenfilets (ohne Haut)
Meersalz
je 1 Zweig Rosmarin und Thymian
1 Knoblauchzehe
3 EL Olivenöl
25 g Butter

1 Für die Chips das Öl in einem kleinen Topf auf 140 °C erhitzen (mit einem Thermometer prüfen). Inzwischen in einem zweiten kleinen Topf etwas Salzwasser aufkochen. Die Kartoffel schälen, waschen, in feine Scheiben hobeln und 15 Sekunden im Wasser blanchieren. In ein Sieb abgießen und die Scheiben trocken tupfen. Die Kartoffelscheiben vorsichtig in das Öl legen und goldbraun frittieren. Mit dem Schaumlöffel herausheben und auf Küchenpapier abtropfen lassen.

2 Für die Bohnen-Spaghetti die Schalotte schälen und in feine Ringe schneiden. Die Tomate waschen, vierteln und dabei den Stielansatz entfernen. Die Tomatenviertel entkernen und in Würfel schneiden. Die Chilischote waschen und schräg in Ringe schneiden. Die Bohnen waschen und trocken schütteln, mit dem Sparschäler längs in feine Streifen schneiden.

3 Das Öl in einer Pfanne erhitzen und die Schalotten darin andünsten. Die Bohnenstreifen dazugeben, mit Meersalz würzen und 3 Minuten mitdünsten. Die Tomate und die Chilischote unter die Bohnen mischen und kurz erwärmen.

4 Für die Makrele die Fischfilets waschen und trocken tupfen, in 4 Stücke schneiden und mit Meersalz würzen. Die Kräuter waschen und trocken tupfen. Den Knoblauch in der Schale andrücken.

5 Das Olivenöl in einer Pfanne erhitzen und die Fischfilets darin auf jeder Seite etwa 45 Sekunden anbraten. Das Öl aus der Pfanne gießen oder tupfen und die Butter mit den Kräutern und dem Knoblauch darin erhitzen. Die Filets etwa 15 Sekunden mit der schäumenden Butter übergießen.

6 Die Bohnen-Spaghetti auf Teller verteilen. Die Makrelen darauf anrichten und mit den Kartoffelchips garnieren.

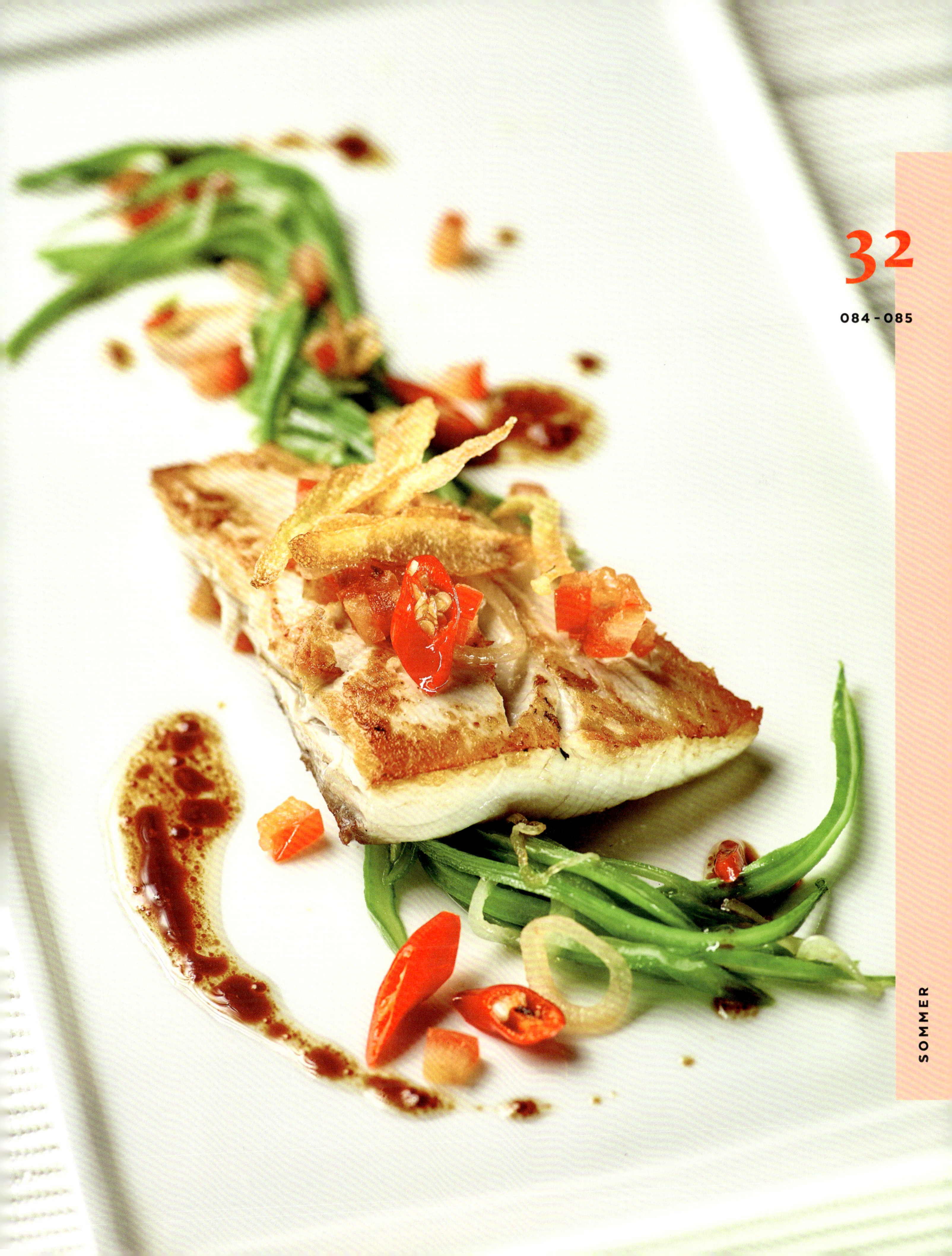

Saiblingsfilet auf Kopfsalat mit Austern-Vinaigrette

Für 4 Personen

Für die Saiblingsfilets:
4 Saiblingsfilets (ohne Haut; à ca. 150 g)
Meersalz
½ Bund Estragon
100 ml Olivenöl

Für die Vinaigrette:
3 Austern
1 Schalotte
1 kleine festkochende Kartoffel
½ Bund Schnittlauch
40 g Butter
100 ml Noilly Prat (franz. Wermut)
1 EL Crème fraîche
Meersalz

Für den Kopfsalat:
2 Kopfsalatherzen
1 Schalotte
6 Kirschtomaten
½ Bund Schnittlauch
1 EL Butter
80 ml Noilly Prat

1 Den Backofen auf 80 °C vorheizen. Die Saiblingfilets waschen, trocken tupfen und jeweils leicht mit Meersalz bestreuen. Den Estragon waschen, trocken schütteln und die Blättchen abzupfen. Die Filets auf ein Backblech legen, mit dem Olivenöl beträufeln und den Estragon darüberstreuen. Die Fischfilets im Ofen auf der mittleren Schiene etwa 25 Minuten glasig garen.

2 Inzwischen für die Vinaigrette eine Auster mit der bauchigen Seite nach unten auf einem Küchentuch in die Hand nehmen (die Schalen sind scharfkantig). Die Auster an dem spitz zulaufenden Ende (dem „Scharnier") mit einem Austernmesser oder einem stabilen, spitzen Messer aufhebeln und den Schließmuskel im mittleren Teil der Schale durchtrennen. Die obere Schale abheben und den Saft in ein Schälchen gießen. Das Austernfleisch mit dem Messer aus der unteren Schale lösen. Die übrigen Austern auf die gleiche Weise öffnen und den Saft auffangen. Das Austernfleisch grob hacken.

3 Die Schalotte schälen und in feine Würfel schneiden. Die Kartoffel schälen, waschen, trocken tupfen und ebenfalls in feine Würfel schneiden. Den Schnittlauch waschen, trocken schütteln und in feine Ringe schneiden.

4 Die Butter in einem kleinen Topf erhitzen und die Schalotte mit der Kartoffel andünsten. Mit dem Noilly Prat ablöschen und 2 Minuten leicht köcheln lassen. Den Austernsaft hinzufügen und 1 weitere Minute köcheln lassen. Die Crème fraîche unterrühren, aufkochen lassen und mit Meersalz abschmecken. Den Topf vom Herd nehmen und das Austernfleisch mit dem Schnittlauch untermischen.

5 Für den Kopfsalat die Salatherzen waschen, trocken schütteln und in feine Streifen schneiden. Die Schalotte schälen und in feine Würfel schneiden. Die Tomaten waschen, vierteln und die Kerne entfernen. Den Schnittlauch waschen, trocken schütteln und in feine Ringe schneiden.

6 Die Butter in einer Pfanne erhitzen und die Schalotten mit dem Salat darin andünsten. Die Tomaten kurz mitdünsten und mit Meersalz würzen. Mit dem Wermut ablöschen und etwa 3 Minuten leicht köcheln lassen. Die Pfanne vom Herd nehmen und den Schnittlauch untermischen. Auf die Teller jeweils einen Anrichte- oder Dessertring setzen und den Kopfsalat einfüllen. Die Ringe abheben und jeweils 1 Saiblingsfilet darauf anrichten. Die warme Austern-Vinaigrette um den Fisch herum verteilen. Nach Belieben mit Erbsensprossen garnieren.

Tipp

Einen Variante dieses
Rezepts: Wenn man Filets
mit Haut kauft und den
Fisch kurz auf der Hautseite
anbrät, entstehen würzige
Röstaromen – und der Fisch
wird schön knusprig.

SOMMER

Seezunge auf Gurken-Spaghetti mit Meerrettichschmand

34

088-089

Für 4 Personen

Für die Gurken-Spaghetti:
1 Salatgurke
Meersalz
Zucker
2 TL Leinöl
1 TL Balsamico bianco

Für den Meerrettich-Schmand:
4 EL Schmand
1 TL frisch geriebener Meerrettich
Meersalz

Für die Seezunge:
4 Seezungenfilets (à ca. 150 g)
Meersalz
3 EL Olivenöl
50 g Butter

Außerdem:
8 Kapuzinerkresseblätter
ca. 50 g Saiblingskaviar

1 Für die Gurken-Spaghetti die Gurke schälen, vierteln und die Kerne mit einem Teelöffel herauskratzen. Die Viertel längs in dünne Streifen schneiden. Für den Meerrettich-Schmand alle Zutaten verrühren. Die Kapuzinerkresseblätter waschen, trocken tupfen und die Ränder mit einem Ausstecher abstechen.

2 Für die Seezunge die Seezungenfilets waschen, trocken tupfen und leicht mit Meersalz würzen. Das Olivenöl in einer großen Pfanne erhitzen und die Filets darin auf jeder Seite etwa 1 Minute anbraten. Die Butter dazugeben und die Filets darin auf beiden Seiten 5 bis 10 Sekunden anbraten.

3 Die Gurken-Spaghetti mit etwas Meersalz, 1 Prise Zucker, Leinöl und Essig mischen und sofort auf Teller verteilen. Die Seezungenfilets darauf anrichten und etwas Schmand daneben verteilen. Jeweils etwa 1 EL Saiblingskaviar und 2 Kapuzinerkresseblätter auf den Filets anrichten. Nach Belieben etwas Meerrettich darüberreiben sowie fein geschnittene Petersilienstiele und abgezupfte Kapuzinerkresseblätter darüberstreuen.

SOMMER

Egli mit Kohlrabi, Kartoffelgemüse und Rieslingsektschaum

Für 4 Personen

Für den Fischfond:
500 g Plattfischkarkassen
1 Fenchelknolle
50 g Staudensellerie
½ Stange Lauch
½ Bund Petersilie
50 ml trockener Weißwein
5 Wacholderbeeren
Meersalz

Für den Rieslingsektschaum:
10 Champignons
100 g Schalotten (in feinen Würfeln)
25 g Butter
200 ml trockener Riesling
100 ml Noilly Prat (franz. Wermut)
180 g Crème fraîche
3 Stiele Estragon
1 Schuss Rieslingsekt

Für das Kartoffelgemüse:
4 kleine Kartoffeln
1 Tomate
1 gelbe Tomate
1 Zwiebel (in feinen Würfeln)
25 g Butter
200 ml trockener Weißwein
200 ml Gemüsebrühe
1 Zucchini (in feinen Würfeln)
Meersalz

Für das Kohlrabigemüse:
1 Tomate
2 kleine Kohlrabi
2 Schalotten (in feinen Würfeln)
15 g Butter
Meersalz

Für den Egli:
600 g Eglifilets (ohne Haut)
Meersalz
2 EL Olivenöl
50 g Butter

1 Für den Fischfond die Karkassen zerkleinern und in einer Schüssel unter leicht fließendem kaltem Wasser etwa 20 Minuten klarspülen. Fenchel, Sellerie und Lauch putzen, waschen und in Stücke schneiden. Die Petersilie waschen und trocken schütteln. Die Karkassen mit Gemüse, Petersilie, Wein, Wacholderbeeren und Salz in einem Topf mit Wasser knapp bedecken. Alles aufkochen und bei schwacher Hitze 5 Minuten ziehen lassen. Den Fond durch ein Sieb gießen, ½ l davon wieder in einen Topf geben und auf ein Fünftel (100 ml) einköcheln. (Den restlichen Fischfond nach Belieben portionsweise einfrieren und anderweitig verwenden.)

2 Für den Rieslingsektschaum die Champignons putzen und in Scheiben schneiden. Mit den Schalotten in einem Topf mit Butter andünsten. Riesling und Noilly Prat dazugießen und auf etwa ein Fünftel einköcheln lassen. Den Fond durch ein Sieb in einen Topf gießen und mit 100 ml Fischfond und der Crème fraîche aufkochen. Den Estragon waschen und trocken tupfen, dazugeben und bei schwacher Hitze 20 Minuten ziehen (nicht köcheln) lassen.

3 Inzwischen für das Kartoffelgemüse die Kartoffeln schälen, waschen und in sehr kleine Würfel schneiden. Die Tomaten waschen, vierteln, entkernen und die Stielansätze entfernen, das Fruchtfleisch in kleine Würfel schneiden.

4 Zwiebel und Kartoffeln in einer Pfanne in der Butter andünsten. Den Wein dazugeben und auf die Hälfte einkochen. Die Brühe dazugeben, salzen und etwa 8 Minuten leicht köcheln lassen. Zucchini und Tomaten hinzufügen, aufkochen und mit Salz abschmecken.

5 Für das Kohlrabigemüse die Tomate waschen, vierteln, entkernen und den Stielansatz entfernen. Das Fruchtfleisch in Würfel schneiden. Die Kohlrabi putzen, schälen, in Scheiben schneiden und vierteln oder achteln, die Endstücke in Würfel schneiden. Schalotten und Kohlrabi in einem Topf mit der Butter erhitzen, andünsten und salzen. Die Kohlrabi zugedeckt weich dünsten, dann die Tomate untermischen und mit Salz abschmecken.

6 Für den Egli die Fischfilets waschen, trocken tupfen und mit Salz würzen. In einer Pfanne mit dem Olivenöl bei starker Hitze auf jeder Seite etwa 30 Sekunden anbraten. Das Öl abgießen, die Butter hinzufügen und die Filets darin auf jeder Seite jeweils 50 Sekunden braten, dabei immer wieder etwas Butter darübergießen.

7 Die Rieslingsauce durch ein Sieb gießen und erneut aufkochen. Mit dem Stabmixer aufschäumen, dabei 1 Schuss Rieslingsekt dazugeben. Kohlrabi, etwas Kartoffelgemüse, Eglifilets und das restliche Gemüse auf Tellern anrichten. Mit Sektschaum beträufeln.

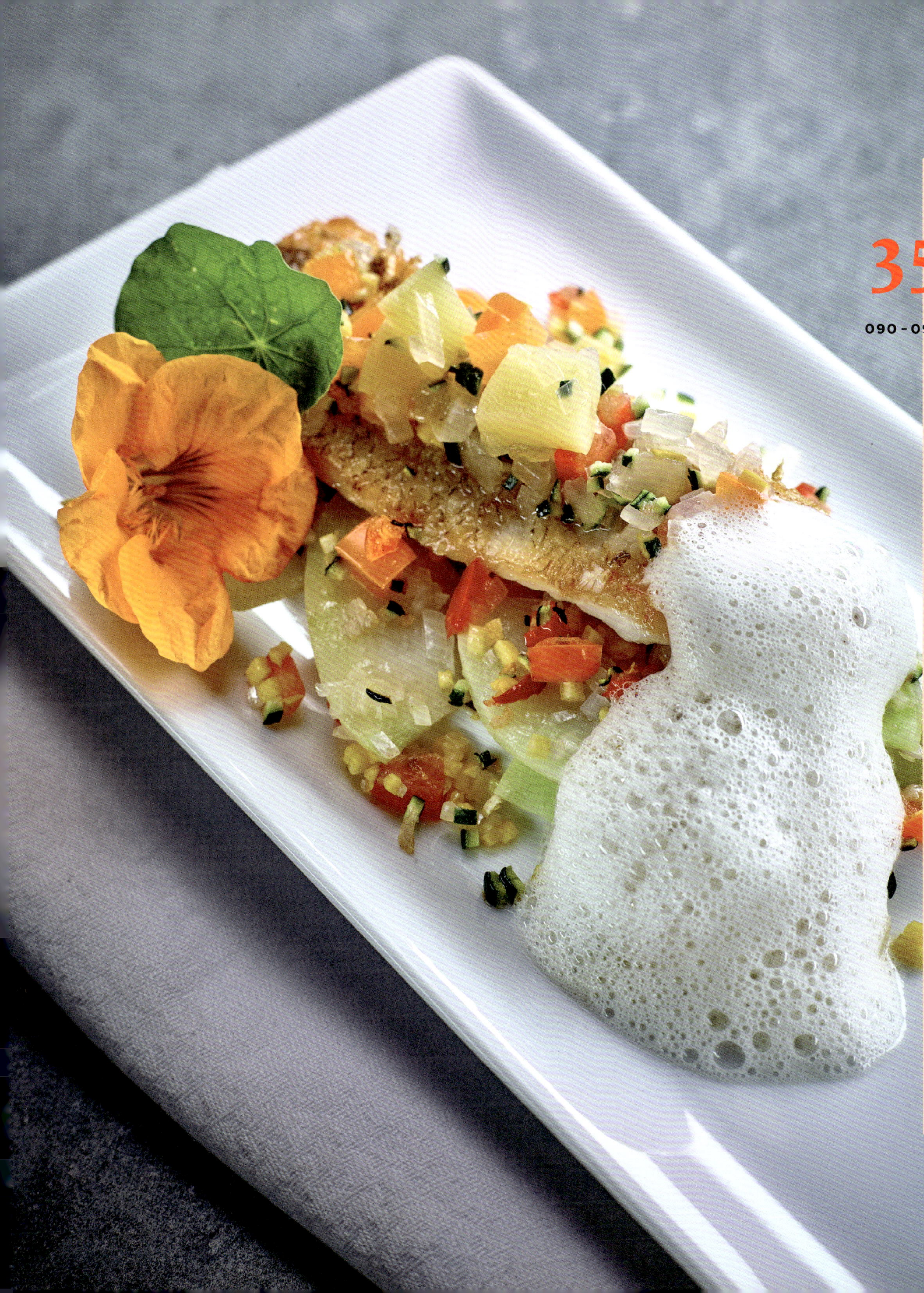

Lachsforelle mit Blumen-kohl-Paprika-Gemüse und Blumenkohlpüree

Für 4 Personen

Für den klaren Tomatensaft:
2 kg Tomaten
1 Bund Basilikum
2 cl Gin
5 cl Holunderblüten-Balsamico-bianco
(ersatzweise sehr guter Balsamico bianco)
2 EL Meersalz
1 EL Zucker

Für das Gemüse:
½ Blumenkohl
1 rote Zwiebel
1 weiße Zwiebel
je 1 rote, gelbe und orange Spitzpaprika
1 Tomate
3 EL Olivenöl
Meersalz
600 ml klarer Tomatensaft
4 EL saure Sahne
2 EL gehackte Petersilie

Für das Blumenkohlpüree:
½ Blumenkohl
50 g Schalotten
30 g Butter
Meersalz
50 ml trockener Weißwein
ca. 60 g Sahne

Für die Lachsforelle:
1 Lachsforelle (ca. 600 g; küchenfertig)
80 ml Olivenöl
Meersalz

1 Am Vortag für den Tomatensaft die Tomaten waschen, vierteln und die Stielansätze entfernen. Das Basilikum waschen, trocken schütteln und grob schneiden. Die Tomaten mit den übrigen Zutaten im Küchenmixer etwa 5 Sekunden pürieren. Ein Sieb mit einem Passiertuch auslegen, das Tomatenpüree hingeben und den klaren Tomatensaft über Nacht in eine Schüssel abtropfen lassen (ergibt etwa 1 l).

2 Am Zubereitungstag für das Gemüse den Blumenkohl putzen, waschen und in Röschen teilen. Den Stiel beiseitelegen. Die großen Röschen in Scheiben schneiden. Die Zwiebeln schälen und in feine Würfel schneiden. Von den Spitzpaprika die Stielansätze abschneiden, entkernen, waschen und in Ringe schneiden. Die Tomate waschen, vierteln, entkernen und den Stielansatz entfernen, das Fruchtfleisch in Würfel schneiden.

3 Das Olivenöl in einer Pfanne erhitzen und die Zwiebeln darin andünsten. Den Blumenkohl etwa 3 Minuten mitdünsten. Die Paprika hinzufügen und mit Meersalz würzen. 600 ml Tomatensaft dazugießen (den Rest trinken oder als Essigersatz verwenden) und erhitzen (nicht aufkochen!). Die saure Sahne und die Tomate dazugeben. Mit Meersalz abschmecken und warm halten.

4 Für das Blumenkohlpüree den Blumenkohl putzen, waschen und in Röschen teilen. Den Stiel (auch den übrigen Stiel vom Gemüse), falls nötig, schälen und mit den Röschen in kleine Stücke schneiden. Die Schalotten schälen und in feine Würfel schneiden. Die Butter in einem Topf erhitzen und die Schalotten darin andünsten. Den Blumenkohl dazugeben und mit Meersalz würzen. Den Wein angießen und einkochen lassen. Dann den Blumenkohl bei schwacher Hitze zugedeckt weich dünsten.

5 Die Lachsforelle waschen und trocken tupfen. Den Kopf, den Schwanz und die Flossen abschneiden und den Fisch in 4 etwa 3 cm dicke Scheiben schneiden. Das Olivenöl in einer Pfanne erhitzen und die Forellenscheiben darin auf jeder Seite etwa 2 Minuten kräftig anbraten. Herausnehmen und warm halten.

6 Die Sahne zur Blumenkohl-Schalotten-Mischung geben, kurz erhitzen und alles im Küchenmixer oder mit dem Stabmixer fein pürieren. Das Blumenkohlpüree durch ein feines Sieb streichen und mit Meersalz abschmecken.

7 Die Petersilie unter das Blumenkohl-Paprika-Gemüse mischen. Das Gemüse auf tiefe Teller verteilen, die Lachsforellen darauf anrichten und etwas Blumenkohlpüree daraufträufeln.

Maispoularde mit Perlgraupen, Brokkoli und Rotweinpfirsich

Für 4 Personen

Für den Rotweinpfirsich:
50 g Zucker
100 ml Portwein
100 ml Rotwein
Meersalz
1 Pfirsich

Für die Maispoularde:
4 Maispoulardenbrustfilets
(à ca. 180 g; mit Haut)
je 1 Zweig Rosmarin und Thymian
60 ml Rapsöl
50 g Butter
Meersalz

Für die Graupen:
1 Schalotte
3 EL Olivenöl
50 ml trockener Weißwein
100 g Perlgraupen
Meersalz
720 ml helle Hühnerbrühe

Für den Brokkoli:
½ Brokkoli (ca. 250 g)
4 EL Olivenöl, Meersalz
50 ml trockener Weißwein
50 ml Hühnerbrühe

1 Am Vortag für den Rotweinpfirsich den Zucker in einem Topf goldbraun karamellisieren. Mit Port- und Rotwein ablöschen und mit Meersalz würzen. Den Sud etwa 5 Minuten köcheln lassen. Den Pfirsich ein paar Sekunden in kochendes Wasser tauchen, kalt abschrecken und die Haut abziehen. Den Pfirsich halbieren, den Stein auslösen und das Fruchtfleisch in 2 x 3 cm große Stücke schneiden. Die Pfirsichwürfel in einem Topf mit dem heißen Sud übergießen und zugedeckt über Nacht (mindestens 12 Stunden) ziehen lassen.

2 Am Zubereitungstag für die Maispoularde den Backofen auf 80 °C vorheizen. Die Brustfilets waschen und trocken tupfen. Die Kräuter waschen und trocken tupfen.

3 Das Öl in einer Pfanne erhitzen und die Filets darin auf der Hautseite etwa 6 Minuten braten, bis das Fett ausgelassen ist. Die Filets wenden und etwa 2 Minuten weiterbraten. Dann aus der Pfanne nehmen, das Fett abgießen und die Filets mit der Butter und den Kräutern wieder in die Pfanne geben. Die Filets etwa 3 Minuten auf beiden Seiten weitergaren, dabei immer wieder etwas Butter darüberlöffeln. Die Brustfilets auf das Ofengitter legen und im Ofen auf der mittleren Schiene 8 bis 12 Minuten garen, bis die Kerntemperatur 68 °C beträgt (mit einem Fleischthermometer prüfen).

4 Inzwischen für die Graupen die Schalotte schälen und in feine Würfel schneiden. Das Olivenöl in einem Topf erhitzen und die Schalotte darin andünsten. Mit dem Wein ablöschen und etwas einkochen lassen. Die Perlgraupen, Meersalz und die Brühe hinzufügen. Die Graupen zugedeckt etwa 15 Minuten köcheln lassen.

5 Für den Brokkoli den Brokkoli putzen, waschen und in Röschen teilen. Die Röschen in etwa 3 mm dicke Scheiben schneiden. Das Öl in einer Pfanne erhitzen und den Brokkoli darin anbraten. Mit Meersalz würzen. Den Wein und die Brühe angießen und den Brokkoli etwa 4 Minuten köcheln lassen.

6 Die Pfirsichwürfel aus dem Sud heben und den Sud dickflüssig einköcheln lassen. Die Brustfilets in dünne Scheiben schneiden. Den Pfirsichsud auf die Teller verteilen oder mit einem Pinsel darauf verstreichen (siehe kleines Foto). Filetstreifen, Brokkolischeiben und Pfirsichwürfel darauf anrichten und nach Belieben mit Blütenblättern, Vogelmiere und Mini-Blutampfer garnieren.

Lammtafelspitz mit Artischocken, Spitzpaprika und Pfifferlingen

Für 4 Personen

Für den Tafelspitz:
600 g Lammtafelspitz oder Lamm-
frikandeau (Unterschale; küchenfertig)
Meersalz
je 1 Zweig Rosmarin und Thymian
1 Knoblauchzehe
3 EL Olivenöl
25 g Butter

Für die Artischocken:
Meersalz
2 Artischocken
1 Zwiebel
1 Tomate
1 Spitzpaprikaschote
20 Pfifferlinge
2 Stiele Liebstöckel
3 EL Rapsöl
50 g Butter
2 EL Olivenöl

1 Für den Tafelspitz den Lammtafelspitz in einem Kunststoffbeutel mit einem Vakuumiergerät luftdicht verschließen. Alternativ das Fleisch straff in Frischhaltefolie wickeln, die Enden gut zudrehen und den Vorgang mit Alufolie wiederholen. Das Fleisch im Wasserbad bei 53 °C (mit einem Küchenthermometer prüfen) 5 Stunden rosa garen.

2 Für die Artischocken in einem Topf Salzwasser aufkochen. Von den Artischocken den Stiel sowie die harten Blattspitzen im oberen Teil abtrennen, die verbliebenen Blätter rund um den Artischockenboden abschneiden. Das „Heu" mit einem Teelöffel oder Kugelausstecher herauslösen. Die Böden im Salzwasser etwa 8 Minuten garen.

3 Die Artischockenböden aus dem Wasser heben und in 5 mm große Würfel schneiden. Die Zwiebel schälen und in feine Würfel schneiden. Die Tomate waschen, vierteln und entkernen, dabei den Stielansatz entfernen. Das Fruchtfleisch in kleine Würfel schneiden. Die Paprikaschote längs halbieren, entkernen, waschen und quer in Streifen schneiden.

4 Die Pfifferlinge putzen und, falls nötig, mit einem trockenen Tuch abreiben oder mit einem Pinsel abbürsten. Den Liebstöckel waschen und trocken tupfen, die Blätter abzupfen und 2 Blätter in feine Streifen schneiden.

5 Das Rapsöl in einer Pfanne erhitzen und die Pfifferlinge darin rundherum anbraten. Die Zwiebel, die Tomate, die Artischocken und die Butter hinzufügen. Mit Meersalz würzen und die Liebstöckelstreifen untermischen. Das Olivenöl in einer zweiten Pfanne erhitzen und die Spitzpaprika mit den restlichen Liebstöckelblättern darin etwa 30 Sekunden anbraten. Mit Meersalz würzen.

6 Den Tafelspitz aus der Folie nehmen, trocken tupfen und mit Meersalz würzen. Die Kräuter waschen und trocken tupfen. Den Knoblauch in der Schale andrücken. Das Öl in einer Pfanne erhitzen und den Tafelspitz darin auf jeder Seite etwa 45 Sekunden anbraten. Das Öl aus der Pfanne gießen oder tupfen und die Butter mit den Kräutern und dem Knoblauch darin erhitzen. Den Tafelspitz darin etwa 15 Sekunden mit der schäumenden Butter übergießen.

7 Den Tafelspitz in Stücke schneiden und längs halbieren, auf Tellern anrichten und die Pfifferlinge sowie das Paprikagemüse darüber verteilen.

Tipp

Nur bei guter Qualität kann man die Keule auch rosa garen. Bei einem Poltinger Lamm sollte man dies auf jeden Fall tun, denn die Keule ist zu schade, um sie durchzuschmoren.

Rehrücken mit Selleriekugeln, Linsen und Thymianquark

Für 4 Personen

Für den Thymianquark:
1 Zweig Thymian
50 g Speisequark (40 % Fett)
Meersalz

Für die Linsen:
1 Zweig Thymian
100 g Beluga- oder Berglinsen
Meersalz
1 kleine Zwiebel
20 g Butter
20 ml dry Sherry
20 ml Aceto balsamico

Für den Rehrücken:
600 g Rehrücken (küchenfertig)
Meersalz
4 EL Rapsöl
je 1 Zweig Rosmarin und Thymian
1 Knoblauchzehe
50 g Butter

Für die Selleriekugeln:
Meersalz
1 Knollensellerie
30 g Butter

Außerdem:
8 Heidelbeeren

1 Für den Thymianquark den Thymian waschen und trocken tupfen, die Blättchen abzupfen und fein hacken. Den Quark mit dem Thymian und etwas Meersalz in einer Schüssel verrühren. Die Heidelbeeren waschen und halbieren.

2 Für die Linsen den Thymian waschen und trocken tupfen. Die Linsen nach Packungsanweisung in Salzwasser garen.

3 Inzwischen für den Rehrücken den Backofen auf 80 °C vorheizen. Das Fleisch mit Meersalz würzen. Das Öl in einer Pfanne erhitzen und den Rehrücken auf jeder Seite etwa 40 Sekunden kräftig anbraten. Den Rehrücken auf das Ofengitter legen und im Ofen auf der mittleren Schiene 8 bis 12 Minuten garen, bis die Kerntemperatur 52 °C beträgt (mit einem Fleischthermometer prüfen).

4 Für die Selleriekugeln in einem Topf reichlich Salzwasser aufkochen. Den Sellerie waschen, halbieren und mit verschieden großen Kugelausstechern aus den Hälften Kugeln ausstechen. Die Kugeln im Salzwasser je nach Größe 1 bis 2 Minuten bissfest garen. Mit dem Schaumlöffel herausheben und abtropfen lassen. Die Butter in einer Pfanne erhitzen, bis sie goldbraun ist. Die Selleriekugeln hinzufügen, leicht anbraten und warm halten.

5 Die Zwiebel für die Linsen schälen und in feine Würfel schneiden. Die Butter in einem Topf erhitzen, die Zwiebel darin andünsten, den Thymian dazugeben und mit Meersalz würzen. Die Linsen in ein Sieb abgießen, abspülen und in einer Schüssel mit Zwiebel, Thymian, Sherry und Essig mischen. Mit Meersalz abschmecken und warm halten.

6 Die Kräuter für den Rehrücken waschen und trocken tupfen. Den Knoblauch in der Schale andrücken. Die Butter in einer Pfanne erhitzen und den Rehrücken mit Kräutern und Knoblauch darin etwa 30 Sekunden wenden. Den Rehrücken im ausgeschalteten Backofen 5 Minuten ruhen lassen.

7 Den Rehrücken in Scheiben schneiden und auf Teller verteilen. Die Linsen, die Selleriekugeln und die Heidelbeeren daneben anrichten und den Thymianquark in kleinen Tupfen dazwischen verteilen. Nach Belieben mit Kresse garnieren.

Gegrillte Rinderschulter mit geräuchertem Kartoffelstampf und Tomatenkompott

Für 4 Personen

Für die Rinderschulter:
800 g Rinderschulter (küchenfertig)
Meersalz
80 ml Rapsöl
80 g Butter

Für den Kartoffelstampf:
275 g mehligkochende Kartoffeln
Meersalz
4 EL Olivenöl
1 Tomate
¼ Bund Schnittlauch

Für das Popcorn:
2 EL Rapsöl
50 g Popcorn-Mais
Meersalz

Für den gebratenen Mais:
1 Maiskolben
Meersalz
Zucker
3 EL Rapsöl
30 g Butter

Für das Tomatenkompott:
2 Tomaten
1 Schalotte
1 Knoblauchzehe
je 1 Zweig Rosmarin und Thymian
2 EL Olivenöl
Meersalz

Für den jungen Mais:
12 Mini-Maiskolben
50 g Butter
Meersalz

Außerdem:
3 EL Räuchermehl (aus Buchenholz;
aus dem Anglerbedarf)
50 g saure Sahne
abgeriebene Schale von ½ Bio-Zitrone
Meersalz

1 Für die Rinderschulter das Fleisch in einem Kunststoffbeutel mit einem Vakuumiergerät luftdicht verschließen. Alternativ das Fleisch straff in Frischhaltefolie wickeln, die Enden gut zudrehen und den Vorgang mit Alufolie wiederholen. Das Fleisch im Wasserbad bei 53 °C (mit einem Küchenthermometer prüfen) 5 Stunden garen.

2 Für den Kartoffelstampf den Backofen auf 160 °C Umluft vorheizen. Die Kartoffeln mit der Schale waschen. In eine ofenfeste Form reichlich Meersalz streuen, die Kartoffeln darauflegen und im Ofen auf der mittleren Schiene etwa 1 Stunde garen.

3 Inzwischen für das Popcorn das Öl in einer Pfanne erhitzen und den Popcorn-Mais hineingeben. Mit einem Glasdeckel zudecken und erhitzen, bis alle Maiskörner aufgepoppt sind. Eine Schüssel mit einem Tuch auslegen, das Popcorn daraufgeben und mit Meersalz würzen.

4 Für den gebratenen Mais den Maiskolben waschen und in Wasser mit etwas Meersalz und 1 Prise Zucker 10 bis 15 Minuten weich köcheln. Dann herausheben und auskühlen lassen. Den Mais trocken tupfen, die Spitze abschneiden und den Kolben senkrecht auf ein Schneidebrett stellen. Mit einem großen Messer rundherum 4 Streifen abschneiden.

5 Das Öl in einer Pfanne erhitzen und die Maisstreifen auf der Kornseite darin goldbraun braten. Das Öl aus der Pfanne tupfen, die Butter darin erhitzen und die Maisstreifen darin nachbraten.

6 Für das Tomatenkompott die Tomaten kreuzweise einritzen und etwa 10 Sekunden in kochendes Wasser tauchen, abschrecken und häuten. Die Tomaten vierteln, entkernen und die Stielansätze entfernen. Das Fruchtfleisch in kleine Würfel schneiden. Die Schalotte und den Knoblauch schälen und in Würfel schneiden. Die Kräuter waschen und trocken tupfen.

7 Das Olivenöl in einer Pfanne erhitzen und die Schalotte mit dem Knoblauch darin andünsten. Die Tomaten hinzufügen, mit Meersalz würzen und alles 15 Minuten köcheln lassen. Den Topf vom Herd nehmen, die Kräuter dazugeben und 5 Minuten ziehen lassen. Dann die Kräuter entfernen.

8 Für den jungen Mais die Maiskolben waschen und trocken tupfen. Die Butter in einer Pfanne erhitzen und den Mais bei mittlerer Hitze etwa 3 Minuten garen. Die Temperatur erhöhen und den Mais leicht goldbraun braten. Mit Meersalz würzen.

9 Einen Topf, in den ein Dämpfeinsatz passt, mit Alufolie auslegen und das Räuchermehl darin verteilen. Den Topf erhitzen, bis das Mehl zu rauchen beginnt. Die Kartoffeln kurz ausdampfen lassen, möglichst heiß pellen und in einen Dämpfeinsatz legen. Den Einsatz in den Topf mit dem Räuchermehl geben und die Kartoffeln zugedeckt etwa 1 Minute räuchern.

10 Die Kartoffeln mit einer Gabel zerdrücken, in einer Schüssel mit dem Olivenöl verrühren und mit Meersalz würzen. Die Tomate waschen, vierteln, entkernen und den Stielansatz entfernen. Das Fruchtfleisch in kleine Würfel schneiden. Den Schnittlauch waschen, in feine Ringe schneiden und mit der Tomate unter den Kartoffelstampf mischen.

11 Die Rinderschulter aus der Folie nehmen, trocken tupfen und mit Meersalz würzen. Das Öl erhitzen und die Schulter rundherum kräftig anbraten. Herausnehmen und das Öl aus der Pfanne tupfen. Die Butter in der Pfanne erhitzen und die Rinderschulter darin erneut rundherum braten.

12 Die saure Sahne mit der Zitronenschale verrühren und mit Meersalz würzen. Die Rinderschulter in Scheiben schneiden und auf Teller verteilen. Den Kartoffelstampf und das Tomatenkompott mit Löffeln zu Nocken formen und auf den Tellern anrichten. Die jungen Maiskolben halbieren und mit den gebratenen Maisstreifen und Bratensauce dazwischen verteilen. Mit der sauren Sahne Popcorn auf die Schnittflächen der Maiskolben „kleben". Nach Belieben mit Vogelmiere garnieren.

Guter Essig
ist gut zum Magen

LABOR
(Dokumentation)
Säure, Chargen, Tanks

120
KIRSCHHOLZ

Saury

643

Single Malt
BALSAMICO

Rezeptur 37

Es ist eine schöne Geschichte, wie ich meinen Lieblingsessig gefunden habe: Meine Schwester, die immer noch in unserer badischen Heimat wohnt, brachte mir einmal eine Flasche Essig aus einer Manufaktur bei ihr um die Ecke mit. Ich solle das mal testen, wenn der Essig gut sei, hätte sie ja gleich eine tolle Quelle in der Nähe. Ein paar Wochen später hat mich ein Freund auf einen Essigproduzenten aus dem Badischen aufmerksam gemacht, den müsste ich dringend mal besuchen, der sei sensationell. Und was stellte sich heraus? Es war dieselbe Manufaktur. Ich glaube, da hatten höhere Mächte ihre Hände im Spiel, die unbedingt wollten, dass ich den Essigbrauer Theo Berl kennenlerne.

Ich habe Theo und seine Essige längst lieben gelernt. Bei mir zu Hause stehen inzwischen mindestens zehn Sorten im Schrank, mit Trüffel, Kirschen, Holunderblüten. Wann immer ich Zeit habe, besuche ich Theo in seinem Wahnsinnslaboratorium, das er sich in seinem Speicher aufgebaut hat. Theo ist ein Verrückter im besten Sinn, der sich die teuersten Sherry- und Cognac-Fässer zusammenkauft, um wie ein besessener Forscher den geilsten Essig der Welt zu kreieren. Bei meinen Besuchen probiere ich oft 20 Essige aus, ohne dass mein Magen den leisesten Mucks macht. Wenn man die Säure so gut verträgt, ist das ein Zeichen für absolute Spitzenqualität. Mit Industrieessig für 1,99 Euro würde das niemals gehen, da hinge man ganz schnell über der Kloschüssel. Dieses Zeug benutzen wir bei uns im Restaurant übrigens auch – aber nur zum Putzen.

Blaubeerpfannkuchen mit Haselnussparfait

Für 4 Personen

Für den Krokant:
60 g Haselnusskerne
40 g Zucker
Rapsöl für das Blech

Für das Parfait:
4 Eigelb
150 g Zucker
300 g Sahne

Für die Pfannkuchen:
80 g weiche Butter
40 g Zucker
Meersalz
3 Eigelb
1 Eiweiß
125 g Mehl
180 ml Milch
200 g Heidelbeeren (Blaubeeren)
80 ml Rapsöl
1 EL Puderzucker

I Für den Krokant den Backofen auf 100 °C vorheizen. Die Haselnüsse in eine ofenfeste Form oder auf das Backblech geben im Ofen auf der mittleren Schiene etwa 5 Minuten erwärmen. Inzwischen den Zucker in einem Topf goldgelb karamellisieren. Die Haselnüsse hinzufügen und mit dem Karamell verrühren.

2 Ein Backblech mit Öl einfetten. Die Haselnussmischung daraufgeben und zu Krokant erstarren lassen. Den Haselnusskrokant mit einem Plattiereisen zerstoßen oder im Blitzhacker zerkleinern.

3 Für das Parfait die Eigelbe mit dem Zucker über dem heißen Wasserbad hellcremig schlagen. Dann die Eigelbmasse im kalten Wasserbad kalt rühren. Die Sahne steif schlagen und unter die Eigelbmasse heben. Zuletzt den Haselnusskrokant unterheben.

4 Eine flache Form mit Frischhaltefolie auslegen und die Krokant-Schaummasse 2 bis 3 cm hoch einfüllen. Das Parfait im Tiefkühlgerät mindestens 7 Stunden gefrieren lassen.

5 Für die Pfannkuchen 60 g Butter mit dem Zucker und 1 Prise Meersalz in einer Rührschüssel hellcremig rühren. Die Eigelbe nacheinander unterrühren. Das Eiweiß in einem Rührbecher zu einem steifen Schnee schlagen. Das Mehl in eine weitere Schüssel geben und in die Mitte eine Mulde drücken. Die Milch langsam unter ständigem Rühren hinzufügen. Die Butter-Eigelb-Masse unterrühren und zuletzt den Eischnee unterheben.

6 Die Heidelbeeren verlesen, waschen und trocken tupfen. Das Öl in zwei großen Pfannen erhitzen, mit einem Esslöffel kleine Teigportionen hineingeben und rund formen (ergibt etwa 24 Stück). In jeden Teig ein paar Heidelbeeren drücken (einige Heidelbeeren für die Deko beiseitelegen) und die Pfannkuchen etwa 2 Minuten goldbraun backen. Wenden und auf der anderen Seite ebenfalls 2 Minuten goldbraun backen. Zum Schluss die übrige Butter hinzufügen und aufschäumen lassen.

7 Die Pfannkuchen mit den restlichen Heidelbeeren auf einer Platte anrichten und mit Puderzucker bestäuben. Aus dem Parfait mit einem Löffel Stückchen abstechen und auf den Pfannkuchen verteilen. Die Blaubeerpfannkuchen nach Belieben mit Minze- und Blütenblättern garnieren.

Waffeln mit Erdbeeren

Für 4 Personen

Für die Erdbeeren:
200 g Erdbeeren
Zucker

Für die Waffeln:
125 g weiche Butter
75 g Zucker
Meersalz
3 Eier
250 g Mehl
170 ml Milch
120 ml kohlensäurehaltiges
Mineralwasser

Außerdem:
evtl. Rapsöl für das Waffeleisen
1 EL Puderzucker

1 Die Erdbeeren waschen, putzen, vierteln und in einer Schüssel mit 2 Prisen Zucker mischen. Nach Belieben einen Schuss Mandellikör (z. B. Amaretto) hinzufügen. Die Erdbeeren ziehen lassen.

2 Für die Waffeln die Butter mit dem Zucker und 1 Prise Meersalz in einer Rührschüssel hellcremig rühren. Die Eier trennen und nacheinander die Eigelbe unterrühren. Die Eiweiße in einem Rührbecher zu einem steifen Schnee schlagen.

3 Das Mehl in eine weitere Schüssel geben und in die Mitte eine Mulde drücken. Die Milch und das Mineralwasser langsam unter ständigem Rühren hinzufügen. Die Butter-Eigelb-Masse unterrühren und zuletzt den Eischnee unterheben.

4 Das Waffeleisen mit Öl einpinseln und einen Schöpflöffel Teig hineingeben. Das Waffeleisen zuklappen und die Waffel 3 bis 4 Minuten goldbraun backen. Herausnehmen und auf ein Kuchengitter legen. Aus dem restlichen Teig 3 weitere Waffeln (je nach Waffeleisengröße) backen.

5 Die Waffeln auf Tellern anrichten und mit Puderzucker bestäuben. Die Erdbeeren auf die Waffeln verteilen und nach Belieben mit Minzeblättern garnieren.

HERBST

So sehr, wie ich vom Sommer geschwärmt habe, könnte man meinen, dass ich im Herbst melancholisch werden muss, Trübsinn statt Lebensfreude. Das stimmt aber nicht, weil ich ein positiver, optimistischer Typ bin und immer versuche, gut drauf zu sein. Im Herbst fällt mir das allein schon wegen der ganzen Wurzeln nicht schwer, die es jetzt in rauen Mengen und bester Qualität gibt: Petersilienwurzeln, Kerbelwurzeln, Pastinaken, ganz feine Burschen ohne brutale Erdigkeit, da geht mir das Herz über. Und der nächste Sommer kommt ja bestimmt.

Damit koche ich im Herbst.

Herbst, die Zeit des Übergangs. Es gibt Tage, da ist es sommerlich genug für Eis und zum Grillen, und Tage, da ist es schon neblig, es wird früh dunkel, und die ersten kraftvollen Wintergemüse tauchen auf dem Markt auf.

+ Aal

Der lange Fisch ist fettreich und schmeckt deshalb geräuchert superaromatisch. Am besten lässt sich die Mittelgräte entfernen, wenn der Fisch leicht temperiert ist. Anschließend lege ich ihn wieder in den Kühlschrank, dann wird das Fleisch wieder fest und lässt sich gut schneiden.

+ Äpfel & Birnen

Sie sind meine liebsten Herbst- und Winterfrüchte. Es gibt so unglaublich viele Sorten, auf Märkten und in Bioläden kann man auf Entdeckungstour gehen. Ich verwende Äpfel und Birnen fast immer mit Schale – das sieht gut aus, und außerdem sitzen unter der Schale viele gesunde Inhaltsstoffe.

+ Honig

Er hat Saison, sobald die Bienen die Ernte der Frühjahrsblüher eingebracht haben. Ich greife aber eher zu Honig, wenn die Tage kühler werden und das Essen einen Tick süßer und schwerer sein darf.

+ Kürbis

Was im Frühjahr der Spargel, ist im Herbst der Kürbis. Nichts gegen Hokkaidokürbis, er hat ein tolle Farbe und braucht nicht geschält zu werden, doch es lohnt sich, auch mal andere Sorten auszuprobieren. Übrigens: Kürbis hat Eigengeschmack, er braucht keine extremen Gewürze.

+ Maronen

Maronen erinnern mich an meine Kindheit und an Familienausflüge nach Straßburg, wo es auf dem Münsterplatz geröstete Maronen gab. Frische Maronen haben eine glänzende, pralle Schale. Wem das Rösten der Maronen zu aufwendig ist: Geschälte Maronen gibt es in guter Qualität auch vakuumverpackt zu kaufen.

+ Möhren

Die Gelben Rüben, wie man in Süddeutschland auch sagt, waren ursprünglich nicht orange, sondern gelb. Daneben gab es noch weiße und violette Möhren. Heute findet man diese Vielfalt wieder – eine wunderbare Abwechslung auf dem Teller.

+ Pilze

Gebraten entfalten sie ihre Talente am besten: Champignons, Egerlinge, Pfifferlinge, Steinpilze & Co. Ich bereite aber auch gerne eine Pilzsuppe zu. Dafür die Pilze mit etwas Meersalz in Wasser 20 Minuten köcheln – fertig ist eine aromatische Brühe oder ein Grundfond für Gemüsesuppen.

+ Spitzkohl

Er ist der zarte, elegante Verwandte von Weißkohl. Ich schneide ihn ganz fein auf dem Asia-Hobel, mache ihn mit Essig, Öl, Zucker und Salz als Salat an oder dünste ihn mit Zwiebeln 3 Minuten zu einer aromatischen Gemüsebeilage.

+ Weintrauben

Sie sind einfach ideal als gesundes „Schnapperle" nebenher. Ich gebe sie gerne zum Schluss in Geflügelgerichte oder verarbeite sie in Mini-Strudeln. Dafür halbierte Trauben mit zerkrümeltem Marzipan und ein paar Spritzern Grappa auf Strudelteig verteilen, zu kleinen Strudeln rollen und in der Pfanne goldbraun backen.

+ Trüffel

Klar, sie sind teuer, aber auch einfach genial! Es muss ja nicht immer der weiße Alba-Trüffel sein, auch schwarze Trüffel schmecken unvergleichlich. Man hobelt sie hauchdünn über einfache Gerichte, etwa eine Pasta mit ein wenig Butter und Parmesan oder ein Spiegelei/pochiertes Ei oder gedünsteten Spinat.

Räucherforellencreme mit Apfel, Radicchio und Knäckebrot

Für 4 Personen

Für die Forellencreme:
200 g Räucherforelle (ohne Haut)
2 EL Schmand
2 EL gehackter Kerbel

Außerdem:
2 Blätter Radicchio
½ Apfel
8 Ringe oder Scheiben Knäckebrot

1 Für die Forellencreme die Räucherforelle zerzupfen und mit dem Schmand und dem Kerbel in einer Schüssel verrühren.

2 Den Radicchio in sehr feine Streifen schneiden. Das Kerngehäuse des Apfels entfernen und den Apfel zuerst längs in Scheiben, dann quer in Streifen schneiden. Radicchio und Apfel in einem Schälchen mischen.

3 Die Räucherforellencreme und die Radicchio-Apfel-Mischung mit dem Knäckebrot servieren. Bei Tisch belegt sich jeder sein Knäcke selbst.

Tipp

Diesen Snack kann man nach Herzenslust variieren: zum Beispiel die Forelle gegen einen anderen Räucherfisch tauschen, Apfel durch Birne oder Weintrauben ersetzen – und wem Radicchio zu bitter ist, der nimmt Basilikum oder Koriander. Natürlich schmeckt ein frisches Bauernbrot ebenso gut wie Knäckebrot.

Geräucherter Aal mit zweierlei Beten und Ziegenkäse

Für 4 Personen

Für die Beten:
4 kleine Gelbe Beten
4 kleine Rote Beten
100 g Meersalz

Für die Räucherfischsauce:
6 Champignons
2 Schalotten
20 g Butter
100 ml trockener Weißwein
2 Stiele Estragon
100 g Räucherfischkarkassen
(vom Fischhändler)
50 ml Noilly Prat (franz. Wermut)
20 ml Pastis (franz. Anislikör)
200 g Sahne
Meersalz

Außerdem:
200 g geräucherter Aal (ohne Haut und Gräten)
160 g Ziegenfrischkäse

1 Für die Beten den Backofen auf 160 °C Umluft vorheizen. Die beiden Betesorten unter fließendem Wasser gründlich abbürsten. Das Meersalz auf einem Backblech verteilen und die Beten im Ofen auf der mittleren Schiene etwa 40 Minuten garen. Herausnehmen und auf dem Blech abkühlen lassen.

2 Für die Räucherfischsauce die Champignons putzen, trocken abreiben und in Scheiben schneiden. Die Schalotten schälen und in Ringe schneiden.

3 Die Butter in einer Pfanne erhitzen und die Schalotten darin andünsten. Die Fischkarkassen dazugeben und kurz mitbraten. Mit dem Wein ablöschen und die Champignons dazugeben. Die Flüssigkeit auf die Hälfte einköcheln lassen. Den Estragon waschen, trocken tupfen und mit Noilly Prat, Pastis und Sahne in die Pfanne geben. Alles aufkochen lassen, den Herd abschalten und die Sauce 30 Minuten ziehen lassen.

4 Die Beten vierteln oder sechsteln. Die Sauce in ein Sieb abgießen, mit Meersalz abschmecken und erneut erhitzen (etwa 80 °C). Dann mit dem Stabmixer aufschäumen.

5 Die Betenspalten auf Tellern anrichten und den Ziegenfrischkäse dazwischen verteilen. Jeweils 1 Aalfilet darauflegen und die Sauce darüberträufeln. Nach Belieben mit Mangoldblättern und Malvenblüten garnieren.

Rollmöpse mit Apfel, Zwiebel und Essiggurken

Für 4 Personen

1 Stiel Dill
1 Zwiebel
1 Apfel
8 Cornichons
250 g Schmand
Meersalz
8 Rollmöpse

I Den Dill waschen und die Spitzen abzupfen. Die Zwiebel schälen, halbieren und in feine Ringe schneiden. Den Apfel waschen und um das Kerngehäuse herum in dünne Scheiben hobeln oder schneiden. Die Cornichons schräg halbieren und die Enden gerade abschneiden.

2 Den Schmand mit Meersalz würzen und glatt rühren. Den Schmand auf Teller verteilen und etwas verstreichen. Die Zwiebelringe daraufstreuen, jeweils 2 Rollmöpse, ein paar Apfelscheiben und Cornichons daraufsetzen. Mit Dill bestreuen und servieren. Dazu passt geröstetes Bauernbrot.

Tipp

Sehr gut schmecken dazu auch Bratkartoffeln: Dafür schneide ich geschälte rohe Kartoffeln in Würfel und blanchiere sie kurz in kochendem Salzwasser. Die Kartoffeln abgießen und trocken tupfen. In einer Pfanne Butterschmalz erhitzen und die Kartoffelwürfel darin kross braten. Zum Schluss schwenke ich sie noch in Butter.

Zander auf Rieslingsauerkraut, Senfschaum und Linsen-Möhren-Salat

Für 4 Personen

Für den Senfschaum:
100 g Schalotten
10 Champignons
25 g Butter
200 ml trockener Riesling
100 ml Noilly Prat (franz. Wermut)
100 ml Fischfond (siehe S. 90)
180 g Crème fraîche
3 Stiele Estragon
1 EL körniger Senf

Für das Sauerkraut:
1 Zwiebel
1 Knoblauchzehe
50 g durchwachsener Räucherspeck
50 g Butter oder Schweineschmalz
250 g Sauerkraut
200 ml trockener Riesling
Meersalz
1 Lorbeerblatt
2 Gewürznelken
3 Wacholderbeeren
etwas Apfelsaft
½ mehligkochende Kartoffel
1 Apfel

Für den Linsen-Möhren-Salat:
100 g Beluga- oder Berglinsen
Meersalz
1 Schalotte
1 Möhre
1 gelbe Möhre
40 g Butter
2 EL Holunderblüten-Balsamico-bianco
(ersatzweise sehr guter Balsamico bianco)
2 EL Noilly Prat (franz. Wermut)
1 Stiel Petersilie

Für den Zander:
600 g Zanderfilets (mit Haut)
Meersalz
80 ml Olivenöl
je 1 Zweig Rosmarin und Thymian
50 g Butter

1 Für den Senfschaum die Schalotten schälen und in feine Würfel schneiden. Die Champignons putzen, trocken abreiben und in Scheiben schneiden. Die Butter in einem Topf erhitzen und die Schalotten mit den Champignons darin andünsten. Riesling und Noilly Prat dazugießen und auf etwa ein Fünftel einköcheln lassen. Den Fond durch ein Sieb in einen Topf gießen und mit dem Fischfond und der Crème fraîche aufkochen. Den Estragon waschen und trocken tupfen, dazugeben und bei schwacher Hitze 20 Minuten ziehen (nicht köcheln) lassen.

2 Für das Sauerkraut die Zwiebel und den Knoblauch schälen, in feine Würfel schneiden. Den Speck in kleine Würfel schneiden. Den Speck in einer Pfanne in der Butter mit Zwiebel und Knoblauch andünsten. Das Sauerkraut in einem Sieb abbrausen, abtropfen lassen und kurz mit der Speck-Zwiebel-Mischung dünsten. Den Riesling, etwas Salz und die Gewürze hinzufügen. Das Sauerkraut zugedeckt etwa 30 Minuten köcheln lassen, dabei, falls nötig, etwas Apfelsaft dazugeben. Die Kartoffel schälen und fein reiben, zum Sauerkraut geben und etwa 3 Minuten mitköcheln lassen. Den Apfel schälen und ebenfalls fein reiben, zum Sauerkraut geben und aufkochen. Das Sauerkraut mit Meersalz abschmecken.

3 Für den Linsen-Möhren-Salat die Linsen nach Packungsanweisung in Salzwasser garen. In ein Sieb abgießen und abbrausen. Die Schalotte und die Möhren schälen und in sehr feine Würfel schneiden. Die Butter in einem Topf erhitzen, Zwiebel und Möhren darin andünsten. Mit Meersalz würzen und die Linsen mit dem Balsamico und dem Noilly Prat dazugeben. Die Petersilie waschen, trocken tupfen, die Blätter abzupfen und fein schneiden. Die Petersilie unter die Linsen mischen und mit Meersalz abschmecken.

4 Für den Zander die Zanderfilets waschen und trocken tupfen, in 4 Stücke schneiden und mit Meersalz würzen. Nach Belieben die Haut mit Mehl bestäuben. Die Filets in einer Pfanne mit dem Olivenöl bei mittlerer Hitze auf der Hautseite etwa 4 Minuten braten. Die Temperatur erhöhen und die Filets weitere 2 Minuten braten. Die Filets herausnehmen und das Öl aus der Pfanne gießen. Die Filets in der Pfanne ohne Fett erneut auf der Hautseite 2 Minuten braten. Die Kräuter waschen, trocken tupfen und mit der Butter in die Pfanne geben. Die Filets wenden und 2 bis 5 Minuten glasig braten, dabei immer wieder etwas Butter darübergießen.

5 Die Rieslingsauce mit dem Senf verrühren, aufkochen und auf etwa 70 °C abkühlen lassen. Die Senfsauce mit dem Stabmixer schaumig aufschlagen. Das Sauerkraut mit dem Zander und dem Linsen-Möhren-Salat auf Tellern anrichten. Den Senfschaum darüber verteilen.

HERBST

Räucherlachsforelle mit Apfel-Meerrettich und Roter Bete

Für 4 Personen

Für die Rote Bete:
1 kleine Rote Bete
Meersalz
Zucker

Für den Apfel-Meerrettich:
200 g Apfelkompott
2 EL geriebener Meerrettich
Meersalz

Außerdem:
200 g geräuchertes Lachsforellenfilet

1 Die Rote Bete putzen, schälen und in etwa 1 mm dicke Scheiben hobeln (dabei am besten Einweghandschuhe tragen, die Roten Beten färben stark ab). Die Scheiben in einer Schüssel mit Meersalz und 1 Prise Zucker mischen.

2 Für den Apfel-Meerrettich das Apfelkompott mit dem Meerrettich verrühren, mit Meersalz würzen und auf Teller verteilen (nach Belieben ein Schälchen in den Apfel-Meerrettich drücken und wieder entfernen).

3 Das Lachsforellenfilet locker zerzupfen und mit den Rote-Bete-Scheiben auf dem Apfel-Meerrettich anrichten. Nach Belieben mit Erbsenkresse garnieren.

Pumpernickel mit Möhrenpüree, Möhrenchips und Bauchspeck

Für 4 Personen

Für das Möhrenpüree:
2 Schalotten
400 g Möhren
2 EL Olivenöl
Meersalz
100 ml Weißwein

Für die Möhrenchips:
1 gelbe Möhre
Meersalz
100 ml Rapsöl
1 EL Mehl

Für den Bauchspeck:
50 ml Rapsöl
8 Scheiben Bauchspeck

Außerdem:
16 Scheiben Pumpernickel

1 Für das Möhrenpüree die Schalotten und die Möhren putzen, schälen und in etwa 3 mm dicke Scheiben schneiden. Das Olivenöl in einem Topf erhitzen und die Schalotten darin andünsten. Die Möhren dazugeben und 1 bis 2 Minuten mitdünsten. Mit Meersalz würzen. Den Wein angießen und einköcheln lassen. Die Möhren zugedeckt bei schwacher Hitze etwa 10 Minuten weich dünsten. Eventuell noch vorhandene Flüssigkeit in ein Schälchen abgießen. Die Möhren im Küchenmixer oder mit dem Stabmixer fein pürieren und, falls nötig, noch etwas Kochflüssigkeit und nach Belieben etwas Sahne untermischen.

2 Für die Möhrenchips die Möhre schälen und längs in etwa 1 mm dicke Scheiben schneiden oder hobeln. Auf eine Platte legen, mit Meersalz bestreuen und etwa 5 Minuten ziehen lassen.

3 Das Öl in einem Topf auf 160 °C erhitzen. Die Möhrenscheiben auf beiden Seiten mit Mehl bestäuben und überschüssiges Mehl abklopfen. Die Möhren im Öl etwa 4 Minuten knusprig frittieren, auf Küchenpapier abtropfen lassen und mit Meersalz bestreuen. Die Möhrenchips nach Belieben im Backofen bei 50 °C Umluft und leicht geöffneter Ofentür auf dem Ofengitter noch ein paar Minuten trocknen lassen.

4 Für den Bauchspeck das Öl mit dem Speck in einer Pfanne langsam erhitzen und knusprig braten. Den Speck auf Küchenpapier abtropfen lassen.

5 Das Möhrenpüree noch mal erhitzen, mit Meersalz abschmecken und in einen Spritzbeutel mit Lochtülle geben. Auf jedes Pumpernickelbrot 1 Klecks Möhrenpüree spritzen, 1 Scheibe Bauchspeck darauflegen, wieder 1 Klecks Möhrenpüree daraufspritzen und 2 Möhrenchips hineinstecken. Nach Belieben mit Möhrengrün garnieren und sofort servieren.

Wachtelbrust mit Spitzkraut, Weintrauben und geröstetem Buchweizen

Für 4 Personen

Für den Fond:
10 Champignons
50 ml weißer Traubensaft
50 ml trockener Weißwein
100 ml kräftiger Wachtelfond (selbst gemacht; ersatzweise Geflügelfond)
2 Stiele Estragon
Meersalz

Für das Spitzkraut:
¼ Spitzkraut
Meersalz
Zucker
1 Tomate
1 Schalotte
1 EL Butter

Für die Wachtelbrüste:
4 Wachtelbrüste (à ca. 40 g; mit Haut)
Meersalz
je 1 Zweig Rosmarin und Thymian
1 Knoblauchzehe
2 EL Rapsöl
25 g Butter

Außerdem:
5 EL Buchweizen
12 grüne Weintrauben

1 Für den Fond die Champignons trocken abreiben, putzen und in Scheiben schneiden. Die Champignons, Traubensaft, Wein und Fond in einem Topf aufkochen und etwa 10 Minuten köcheln lassen. Den Estragon waschen, trocken tupfen und in der Flüssigkeit auf dem ausgeschalteten Herd etwa 10 Minuten ziehen lassen.

2 Den Buchweizen in einer Pfanne ohne Fettzugabe bei starker Hitze etwa 4 Minuten rösten. Die Weintrauben waschen und in große Würfel schneiden.

3 Das Spitzkraut putzen und den Strunk entfernen. Das Kraut in feine Streifen schneiden oder hobeln, kräftig mit Meersalz und 1 Prise Zucker mischen und etwa 10 Minuten marinieren. Die Tomaten waschen, vierteln, entkernen und die Stielansätze entfernen, das Fruchtfleisch in feine Würfel schneiden. Die Schalotte schälen und ebenfalls in feine Würfel schneiden.

4 Die Butter in einer Pfanne erhitzen und die Schalotte darin andünsten. Das Spitzkraut ausdrücken und in der Pfanne erwärmen (nicht erhitzen). Die Tomate untermischen und mit Meersalz abschmecken.

5 Die Wachtelbrüste waschen, trocken tupfen und mit Meersalz bestreuen. Die Kräuter waschen und trocken tupfen. Den Knoblauch in der Schale andrücken.

6 Das Öl in einer Pfanne erhitzen und die Wachtelbrüste auf der Hautseite bei mittlerer Hitze 3 bis 5 Minuten anbraten. Das ausgetretene Fett abgießen und die Wachtelbrüste weitere 30 Sekunden knusprig braten. Die Wachtelbrüste auf die Fleischseite drehen, die Butter, die Kräuter und den Knoblauch hinzufügen. Die Wachtelbrüste etwa 2 Minuten weiterbraten, dabei immer wieder etwas Butter darüberlöffeln. Die Wachtelbrüste herausnehmen und kurz ruhen lassen.

7 Den Fond in ein Sieb abgießen, erhitzen (nicht kochen), mit Meersalz abschmecken und mit dem Spitzkraut auf Teller verteilen. Die Wachtelbrüste darauflegen, die Traubenwürfel und den Buchweizen darüber verteilen. Nach Belieben mit Kresse garnieren.

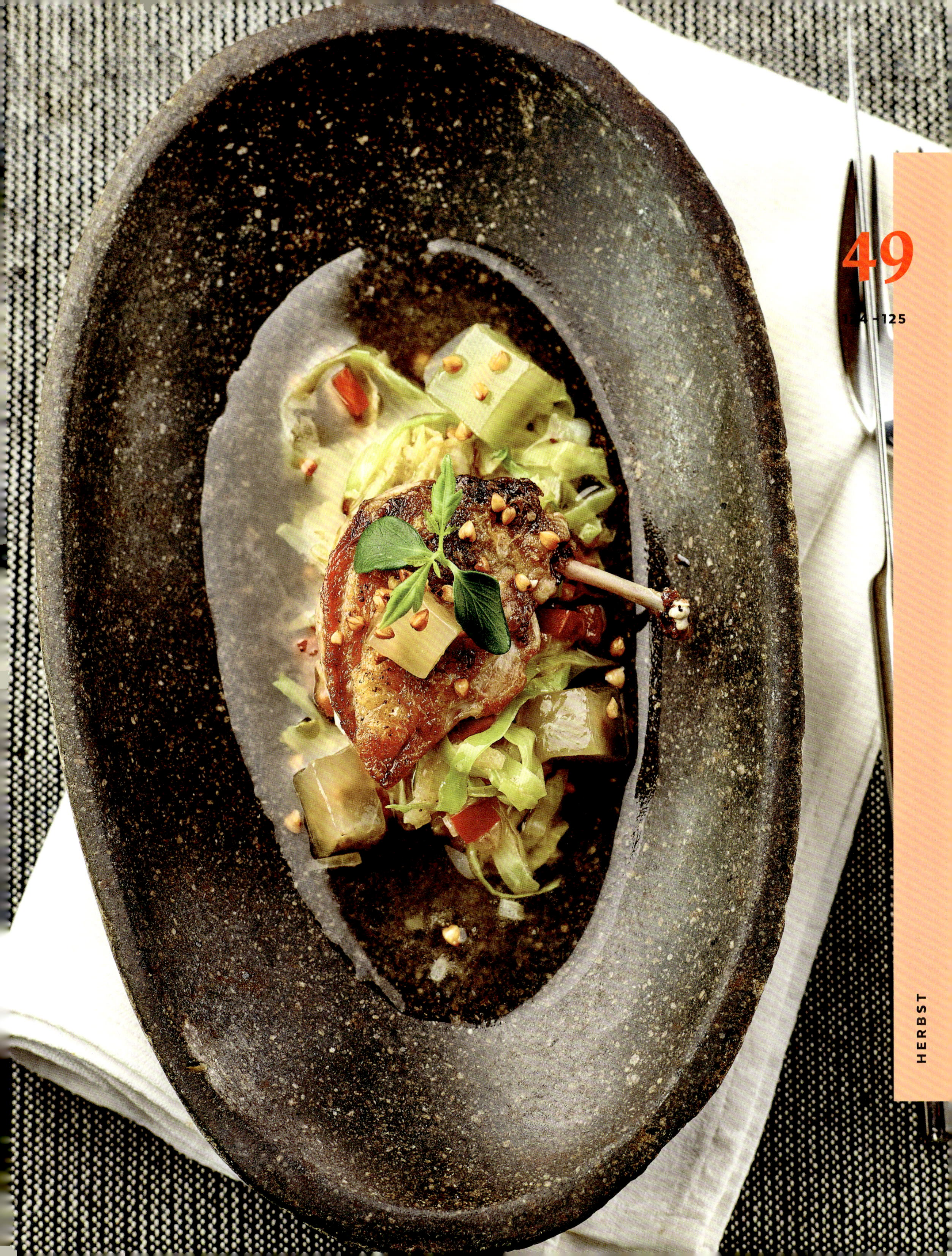

Spanferkelrücken mit Maisgrieß und Röstzwiebeln

Für 4 Personen

Für den Spanferkelrücken:
800 g Spanferkelrücken (rund gebunden)
Meersalz
80 ml Rapsöl

Für den Maisgrieß:
2 Zweige Thymian
½ Knoblauchzehe
ca. 350 ml Milch
50 g Maisgrieß (Polenta)
½ Bund Schnittlauch

Für die Röstzwiebeln:
1 Zwiebel
5 EL Rapsöl
Meersalz

1 Für den Spanferkelrücken das Fleisch in einem Kunststoffbeutel mit einem Vakuumiergerät luftdicht verschließen. Alternativ kann man das Fleisch straff in Frischhaltefolie wickeln, die Enden gut zudrehen und den Vorgang mit Alufolie wiederholen. Den Spanferkelrücken im Wasserbad bei 55 °C (mit einem Küchenthermometer prüfen) 5 Stunden garen. Das Fleisch aus der Folie nehmen und trocken tupfen.

2 Für den Maisgrieß den Thymian waschen und trocken tupfen. Den Knoblauch in der Schale andrücken. Die Milch in einem Topf mit dem Thymian und dem Knoblauch aufkochen und auf der ausgeschalteten Kochplatte etwa 5 Minuten ziehen lassen. Die Milch durch ein Sieb in einen weiteren Topf gießen, erneut aufkochen und den Maisgrieß unter Rühren hinzufügen. Den Maisbrei bei schwacher Hitze etwa 10 Minuten gar ziehen lassen, dabei, falls nötig, noch etwas Milch hinzufügen.

3 Für die Röstzwiebeln die Zwiebel schälen und in feine Ringe schneiden. Das Öl in einer Pfanne erhitzen und die Zwiebel darin etwa 10 Minuten goldbraun braten, dabei mit Meersalz würzen. Die Zwiebelringe mit dem Schaumlöffel herausheben und auf Küchenpapier abtropfen lassen.

4 Den Spanferkelrücken aus der Folie nehmen, trocken tupfen und kräftig mit Meersalz würzen. Das Öl in einer Pfanne erhitzen und den Spanferkelrücken darin etwa 10 Minuten knusprig braten.

5 Den Schnittlauch waschen, trocken schütteln, fein schneiden und unter den Maisgrieß rühren. Den Spanferkelrücken in Scheiben schneiden. Den Maisgrieß auf Teller verteilen, den Spanferkelrücken und die Röstzwiebeln darauf anrichten. Nach Belieben mit Thymianspitzen garnieren.

Tipp

Mit dieser Art der Zubereitung wird die Haut bei Spanferkel oder Schweinebraten superknusprig: Durch das Garen im Vakuumbeutel saugt sich die Schwarte mit Feuchtigkeit voll. Wenn man die Haut danach anbrät, verdunstet das Wasser wieder, und die Schwarte wird luftig-knusprig.

Wenn zwei Köche
auf die Jagd gehen ...

Mit der Jagd kann man mich eigentlich jagen. Ich bin niemand, der die Stille des Waldes braucht, sondern eher der Action-Typ. Drei Stunden im Hochsitz hocken, das ist Folter für mich. Wenn ich meine Ruhe haben will und runterkommen muss, dann mache ich Sport, am liebsten auf der Motorradrennstrecke mit meiner Supermoto. Wenn ich aber mit Daniel Fehrenbacher auf die Jagd gehe, ist das natürlich etwas ganz anderes. Ich kenne Daniel seit vielen Jahren. Wir haben zusammen in der „Krone" in Herxheim als Koch gearbeitet und waren dort eine lustige Truppe – zwei Badener zusammen am Herd, da ist Spaß garantiert. Nach der Lehre ist er nach Hause zurückgekehrt, hat das Familienrestaurant, den „Adler" in Lahr-Reichenbach, übernommen und sich genauso wie ich einen Michelin-Stern erkocht.

Daniel ist ein leidenschaftlicher Jäger und besorgt sich das Wild für sein Restaurant selbst im Wald hinterm Haus. Als wir dort unterwegs waren, habe ich mich gefragt, ob ich überhaupt auf Tiere schießen könnte. Wahrscheinlich würde mir das keinen Spaß machen. Andererseits habe ich keine Sekunde lang gedacht: Oh, die armen Tiere, die jetzt von Daniel erschossen werden, wie barbarisch ist das denn! Ich finde es total in Ordnung, wenn ein Hirsch oder ein Hase glücklich im Wald gelebt hat und ein schönes, schnelles Ende findet. Viel schlimmer sind doch diese armen Kreaturen in der Massentierhaltung dran, die niemals an die frische Luft kommen. Und außerdem esse ich Wild wahnsinnig gern, weil es so intensiv schmeckt – genauso intensiv, wie mein Leben ist.

Wildschweinfilet mit Schwarzwurzeln, Herbsttrompeten und Kartoffel-Croissants

Für 4 Personen

Für den Bratenjus:
2 Gemüsezwiebeln
2 Möhren
50 g Knollensellerie
1 Stange Staudensellerie
½ Stange Lauch
½ Knoblauchknolle
2–3 kg Kalbs- oder Rinderknochen
Meersalz
ca. 70 ml Rapsöl
ca. 3 l Kalbs-, Rinderfond oder Wasser
4 EL Tomatenmark
3 Wacholderbeeren (angedrückt)
ca. 2 l trockener Rotwein

Für die Kartoffel-Croissants:
ca. 100 g Meersalz
ca. 550 g vorwiegend festkochende Kartoffeln
50 g Butter
ca. 100 g Mehl
1–2 Eier
Rapsöl zum Frittieren

Für das Wildschweinfilet:
4 EL Rapsöl
700 g Wildschweinfilet (küchenfertig)
Meersalz
1 EL scharfer Senf

Für das Schwarzwurzelgemüse:
2 Schwarzwurzeln
100 ml Milch
1 Spritzer Zitronensaft
1 Schalotte
25 g Butter
Meersalz
100 ml trockener Weißwein
1 Stiel Estragon

Für die marinierte Schwarzwurzel:
1 Schwarzwurzel
1 Spritzer Balsamico bianco
Meersalz
Zucker

1 Für den Bratenjus Zwiebeln, Möhren und Knollensellerie schälen und in etwa 3 cm große Würfel schneiden. Den Staudensellerie putzen, waschen und ebenfalls in etwa 3 cm große Stücke schneiden. Den Lauch längs halbieren, waschen und in Scheiben schneiden. Die Knoblauchzehen ablösen und in der Schale andrücken.

2 Die Knochen waschen und trocken tupfen. In einer Pfanne 4 EL Öl erhitzen und die Knochen darin kräftig anbraten. Mit etwas Fond ablöschen, aufkochen, sodass sich der Bratensatz löst, und alles in einen Bräter oder Topf geben. In der Pfanne 2 EL Öl erhitzen und die Gemüsewürfel mit dem Knoblauch darin kräftig anbraten. Das restliche Öl in einem kleinen Topf erhitzen und das Tomatenmark darin kräftig anrösten. Gemüse, Tomatenmark und die Wacholderbeeren zu den Knochen geben. Den Wein und so viel Fond dazugießen, dass alles knapp mit Flüssigkeit bedeckt ist und mit Meersalz würzen. Die Knochen 3 bis 4 Stunden leicht köcheln lassen, gegebenenfalls noch etwas Fond und Wein angießen, falls sie nicht mehr mit Flüssigkeit bedeckt sind. Das aufsteigende Fett und Eiweißstoffe (Schaum) ständig abschöpfen. Die Knochen und das Gemüse durch ein Sieb in einen Topf abgießen, dabei das Gemüse passieren. Den Sud sämig einköcheln lassen und beiseitestellen.

3 Für die Kartoffel-Croissants den Backofen auf 180 °C vorheizen. Das Meersalz auf einem Backblech oder in einer ofenfesten Form verteilen. Die Kartoffeln waschen, auf das Meersalz legen und im Ofen auf der mittleren Schiene etwa 1 Stunde weich garen. Die Kartoffeln herausnehmen und ausdampfen lassen.

4 Die Butter, 75 ml Wasser und 1 Prise Meersalz in einem Topf aufkochen und 60 g Mehl auf einmal dazugeben. Mit dem Kochlöffel rühren, bis sich die Masse vom Topfboden löst. Den Brandteig in eine Rührschüssel geben.

5 Die Kartoffeln pellen und durch die Kartoffelpresse auf die Brandteigmasse drücken. Die Eier und so viel Mehl unterkneten, dass sich alles zu einem glatten Teig verkneten lässt. Mit Meersalz abschmecken. Den Teig auf der bemehlten Arbeitsfläche mit dem Nudelholz zu einem 3 bis 4 mm dicken Rechteck ausrollen. Den Teig in 6 bis 7 cm breite Streifen und diese in 20 bis 30 gleichmäßige Dreiecke schneiden. Die Dreiecke von der breiten Seite aus zu Croissants aufrollen.

6 Für das Wildschweinfilet den Backofen auf 80 °C vorheizen. Das Fleisch waschen, trocken tupfen und mit Meersalz würzen. Das Öl in einer Pfanne erhitzen, das Filet mit Meersalz würzen und im Öl rundherum auf jeder Seite etwa 1 Minute kräftig anbraten. Das Filet herausnehmen und mit einem Pinsel dünn mit Senf einstreichen.

Das Filet auf das Ofengitter legen und im Backofen auf der mittleren Schiene 10 bis 14 Minuten garen, bis die Kerntemperatur 52 °C beträgt (mit einem Fleischthermometer prüfen).

7 Inzwischen für das Schwarzwurzelgemüse die Schwarzwurzeln unter fließendem Wasser abbürsten. In einer weiten Schüssel die Milch mit etwa 100 ml Wasser und dem Zitronensaft mischen. Die Schwarzwurzeln schälen (dabei am besten Einweghandschuhe tragen, der Saft ist sehr klebrig) und in die Milchmischung legen. Die Schalotte schälen und in Ringe schneiden. Die Schwarzwurzeln schräg in 1 bis 2 cm breite Stücke schneiden (die Milch-Zitronensaft-Mischung für die marinierte Schwarzwurzel beiseitestellen).

8 Die Butter in einer Pfanne erhitzen. Die Schwarzwurzeln mit der Schalotte darin andünsten und mit Meersalz würzen. Den Wein angießen, etwas einköcheln lassen und die Schwarzwurzeln zugedeckt 3 bis 5 Minuten bissfest garen. Den Estragon waschen und trocken tupfen, die Blätter abzupfen, fein hacken und zu den Schwarzwurzeln geben. Die Schwarzwurzeln warm halten.

9 Für die marinierte Schwarzwurzel die Schwarzwurzel unter fließendem Wasser abbürsten, schälen und in die beiseitegestellte Milch-Zitronensaft-Mischung legen. Die Schwarzwurzel mit einem Asia-Hobel (oder einem anderen sehr scharfen Hobel) längs in 1 mm dünne Scheiben schneiden. Sofort mit dem Essig, Meersalz und 1 Prise Zucker mischen.

10 Die Herbsttrompeten waschen und mit einem Tuch trocken tupfen. Die Butter in einer Pfanne erhitzen, die Pilze darin etwa 1 Minute andünsten und mit Meersalz würzen.

11 Die Birne schälen und mit einem Kugelausstecher kleine Kugeln ausstechen. Die Butter in einer Pfanne erhitzen und die Birnenkugeln darin etwa 1 Minute andünsten, dabei den Essig und 1 Prise Meersalz dazugeben.

12 In einem Topf reichlich Öl auf 160 °C erhitzen. Die Kartoffel-Croissants im Öl 2 bis 3 Minuten goldbraun ausbacken. Mit dem Schaumlöffel herausheben, auf Küchenpapier abtropfen lassen und nach Belieben mit etwas Meersalz bestreuen.

13 Das Schweinefilet in Scheiben schneiden und auf Tellern mit Kartoffel-Croissants, Herbsttrompeten, Schwarzwurzelgemüse und -streifen sowie Birnenkugeln anrichten. Nach Belieben einen Teil des Bratenjus mit etwas Crème fraîche glatt rühren. Den Jus kurz erhitzen und auf die Teller träufeln.

Für die Herbsttrompeten:
4 Handvoll Herbsttrompeten
30 g Butter
Meersalz

Für die Birnenkugeln:
1 Birne
30 g Butter
1 Spritzer Balsamico bianco
Meersalz

Kaninchenrücken mit Herbsttrompeten und Aceto-Pfeffer-Zwetschgen

Für 4 Personen

Für den Kaninchenrücken:
500 g Herbsttrompeten
600 g Kaninchenrücken
Meersalz
40 g Butter

Für die Zwetschgen:
10 Zwetschgen
50 g Zucker
½ TL Speisestärke
170 ml Rotwein
2 EL Aceto balsamico (vorzugsweise aus dem Eichenfass)
Pfeffer aus der Mühle

Für das Zwiebelpüree:
4 Gemüsezwiebeln
40 g Butter
Meersalz
100 ml trockener Weißwein

Außerdem:
3 EL Räuchermehl (aus Buchenholz; aus dem Anglerbedarf)

1 Für den Kaninchenrücken den Backofen auf 50 °C Umluft vorheizen. Die Herbsttrompeten putzen, waschen und trocken tupfen. Die Pilze auf einem Blech verteilen und im Backofen auf der mittleren Schiene bei leicht geöffneter Ofentür 3 bis 5 Stunden trocknen, bis man sie mit den Fingern zerbröseln kann. Die Pilze im Küchenmixer oder mit dem Stabmixer zu feinem Mehl mixen.

2 Für die Aceto-Zwetschgen die Zwetschgen waschen, halbieren und entkernen. Den Zucker in einem Topf goldbraun karamellisieren. Die Speisestärke mit wenig Wein glatt rühren. Zuerst den restlichen Wein, dann die Speisestärke zum Karamell geben und etwa 5 Minuten köcheln lassen. Die Zwetschgen dazugeben, aufkochen und den Topf vom Herd nehmen. Den Essig untermischen, mit Pfeffer würzen und die Zwetschgen lauwarm abkühlen lassen.

3 Für das Zwiebelpüree die Zwiebeln schälen und in kleine Würfel schneiden. Die Butter in einer Pfanne erhitzen und die Zwiebeln darin andünsten. Mit Meersalz würzen, den Wein angießen und die Zwiebeln etwa 10 Minuten weich dünsten. Die Zwiebeln in einen Siebeinsatz abgießen und abtropfen lassen.

4 Den Boden eines Topfs mit Alufolie auslegen und das Räuchermehl darauf verteilen. Den Topf stark erhitzen, bis das Mehl zu rauchen beginnt. Die Zwiebeln in dem Siebeinsatz daraufstellen und den Topf mit dem Deckel verschließen. Die Zwiebeln etwa 1 Minute räuchern. Die Zwiebeln im Küchenmixer oder in einem hohen Rührbecher mit dem Stabmixer fein pürieren.

5 Etwa 5 EL Herbsttrompetenmehl auf einen Teller geben. Die Kaninchenrücken mit Meersalz würzen und in dem Herbsttrompetenmehl wenden. Die Butter in einer Pfanne erhitzen und die Kaninchenrücken darin auf jeder Seite etwa 1 Minute leicht anbraten. Herausnehmen und etwa 1 Minute ruhen lassen.

6 Das Zwiebelpüree mit einer Palette auf die Teller streichen. Die Kaninchenrücken in 20 Stücke schneiden und auf jedem Teller 5 Filetstücke mit der weißen Seite nach oben kreisförmig anrichten. Die Aceto-Pfeffer-Zwetschgen dazwischen verteilen.

Tipp

Das restliche Herbsttrompetenmehl bewahre ich in einem Glas auf und verwende es für andere Panaden, zum Beispiel für Schwarzwurzeln, die durch das dunkle Pilzmehl wieder eine schwarze Hülle bekommen.

Geschnetzeltes vom Kalbsfilet mit Pfifferlingen und Süßkartoffelstampf

Für 4 Personen

Für den Süßkartoffelstampf:
ca. 200 g Meersalz
300 g Süßkartoffeln
3 EL Leinsamenöl
20 g Butter
½ Bund Schnittlauch

Für die Pfifferlinge:
200 g Pfifferlinge
2 Schalotten
¼ Bund Petersilie
2 EL Olivenöl
Meersalz
40 g Butter

Für das Geschnetzelte:
400 g Kalbsfilet (ohne Kette; siehe Tipp)
2 Schalotten
4 EL Olivenöl
Meersalz
40 g Butter

1 Für den Süßkartoffelstampf den Backofen auf 180 °C vorheizen. Das Meersalz auf einem Backblech verteilen, die Süßkartoffeln daraufsetzen und im Backofen auf der mittleren Schiene etwa 1 Stunde weich garen. Herausnehmen und kurz abkühlen lassen. Die Süßkartoffeln längs halbieren und das Fruchtfleisch mit einem Löffel aus den Schalen kratzen. Das Süßkartoffelfleisch durch die Kartoffelpresse in eine Schüssel drücken, das Leinöl und die Butter mit einer Gabel unterrühren. Den Stampf mit Meersalz abschmecken.

2 Die Pfifferlinge putzen und mit einem weichen Pinsel abbürsten. Die Stiele mit einem kleinen Messer vorsichtig abkratzen. Die Schalotten schälen und in feine Würfel schneiden. Die Petersilie waschen und trocken schütteln, die Blätter abzupfen und fein schneiden. Das Olivenöl in einer Pfanne erhitzen und die Pfifferlinge darin etwa 2 Minuten anbraten. Mit Meersalz würzen, die Hitze etwas reduzieren und die Schalotten etwa 1 Minute mitbraten. Die Butter dazugeben, die Pfifferlinge darin schwenken und die Petersilie untermischen.

3 Für das Geschnetzelte das Kalbsfilet in feine Streifen schneiden. Die Schalotten schälen und in feine Ringe schneiden. Das Olivenöl in einer Pfanne erhitzen und das Kalbsfilet darin etwa 1 Minute kräftig anbraten. Mit Meersalz würzen, die Schalotten und die Butter dazugeben und alles 1 weitere Minute braten. Die Pfifferlinge dazugeben und untermischen.

4 Den Schnittlauch waschen, trocken schütteln und in feine Ringe schneiden. Den Süßkartoffelstampf mittig auf die Teller verteilen, mit Schnittlauch bestreuen und das Geschnetzelte mit den Pfifferlingen auf einer Stampfhälfte anrichten.

Tipp

Die Kette des Filets ist ein dünner, von Sehnen durchwachsener Fleischstrang, der auf der ganzen Länge entlang des Filets verläuft.

Kalbstafelspitz mit Butterbröseln, Petersiliengraupen und Spitzkraut

Für 4 Personen

Für die Perlgraupen:
½ Bund Petersilie
200 ml Traubenkernöl
½ weiße Zwiebel
2 EL Olivenöl
100 g Perlgraupen
125 ml trockener Weißwein
Meersalz
1 Knoblauchzehe
¼ l Fleischbrühe

Für den Tafelspitz:
4 EL Rapsöl
800 g Kalbstafelspitz
Meersalz
je 1 Zweig Rosmarin und Thymian
1 Knoblauchzehe
30 g Butter

Für das Spitzkraut:
Meersalz
4 Spitzkrautblätter
1 EL Balsamico bianco
2 EL Traubenkernöl

Für die Butterbrösel:
40 g Butter
40 g Milchpulver

1 Für die Perlgraupen die Petersilie waschen, trocken schütteln und grob schneiden. Die Petersilie mit dem Traubenkernöl im Küchenmixer oder mit dem Stabmixer pürieren. Das Püree etwa 2 Stunden ruhen lassen. Ein Sieb mit einem Passiertuch auslegen, die Petersilienmischung hineingeben und etwa 2 Stunden abtropfen lassen. Das Petersilienöl und das -püree jeweils in ein Glas füllen. 1 EL Petersilienpüree beiseitestellen, das restliche Püree und das Öl für Vinaigrettes oder andere Gerichte verwenden (siehe S. 172 oder 192).

2 Für den Tafelspitz den Backofen auf 80 °C vorheizen. Das Öl in einer Pfanne erhitzen. Den Tafelspitz mit Meersalz würzen und in der Pfanne auf jeder Seite etwa 2 Minuten kräftig anbraten. Dann auf dem Ofengitter im Backofen auf der mittleren Schiene 35 bis 50 Minuten garen, bis die Kerntemperatur 58 °C beträgt (mit einem Fleischthermometer prüfen).

3 Für die Graupen die Zwiebel schälen und in feine Würfel schneiden. Das Olivenöl in einem Topf erhitzen und die Zwiebel darin andünsten. Die Perlgraupen kurz mitdünsten. Den Wein angießen und mit Meersalz würzen. Den Knoblauch in der Schale andrücken und dazugeben. Die Graupen köcheln, bis die Flüssigkeit eingekocht ist. Die Brühe angießen und die Graupen zugedeckt etwa 13 Minuten weich garen. Den Knoblauch entfernen.

4 Für das Spitzkraut in einem Topf Salzwasser aufkochen. Die Spitzkrautblätter halbieren, die dicken Mittelrippen entfernen und die Blätter im kochenden Wasser etwa 4 Sekunden blanchieren. Herausheben und abtropfen lassen. Den Essig und das Traubenkernöl in einer Schüssel verrühren und die Spitzkrautblätter darin marinieren.

5 Für die Butterbrösel die Butter in einer Pfanne erhitzen und das Milchpulver darin goldbraun rösten. Die Brösel auf Küchenpapier abtropfen lassen. Für den Tafelspitz die Kräuter waschen und trocken tupfen, den Knoblauch in der Schale andrücken. Die Butter in einer Pfanne mit dem Knoblauch und den Kräutern erhitzen und den Tafelspitz darin etwa 2 Minuten wenden. Herausnehmen und 3 Minuten ruhen lassen.

6 Den Tafelspitz in Scheiben schneiden. Den Bratenfond auf Teller träufeln, das Fleisch darauf anrichten, mit Butterbröseln bestreuen. Die Perlgraupen mit 1 EL Petersilienpüree verrühren und daneben verteilen. Das Spitzkraut locker zusammenlegen und dazusetzen.

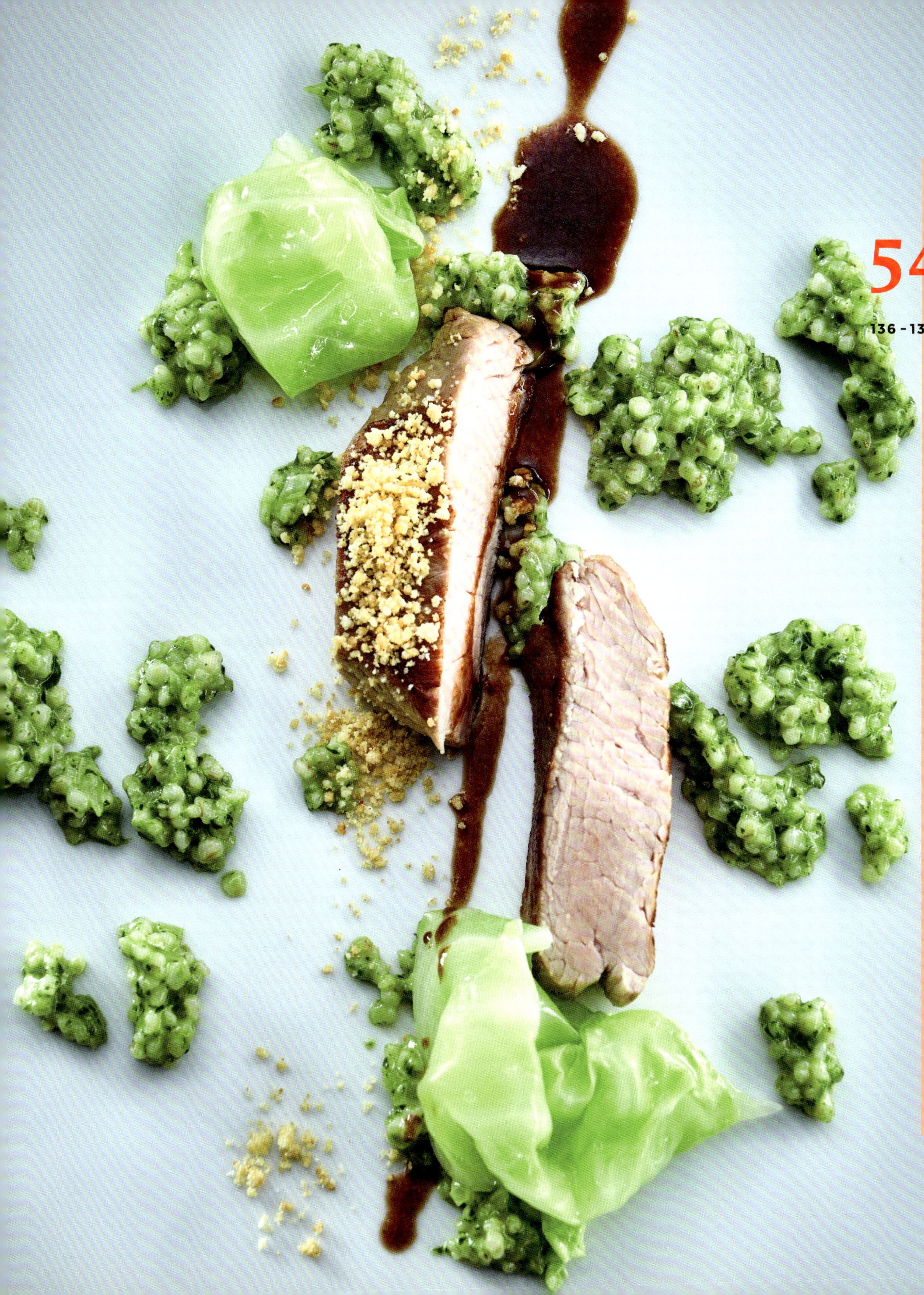

54

Dry-Aged-Rinderrücken mit grünen Bohnen, Champignons und Kefir-Krapfen

Für 4 Personen

Für die Krapfen:
½ l Rapsöl zum Frittieren
100 g Kefir
40 g Butter
Meersalz
50 g Mehl
1 Ei
1 Eigelb

Für das Gemüse:
150 g grüne Bohnen
Meersalz
75 g Champignons
2 Schalotten
40 ml Rinder- oder Geflügelbrühe
2 EL Rapsöl
1 EL Senföl
Pfeffer aus der Mühle

Für den Rinderrücken:
400 g Rinderrücken
Meersalz
je 1 Zweig Rosmarin und Thymian
½ Knoblauchzehe
4 EL Rapsöl
Pfeffer aus der Mühle

1 Für die Krapfen den Backofen auf 80 °C vorheizen. Das Öl in einem Topf auf 160 °C erhitzen. Den Kefir mit der Butter und Meersalz in einem Topf aufkochen. Das Mehl auf einmal hinzufügen und die Masse mit einem Kochlöffel rühren, bis sie sich zu einem Kloß verbindet und am Topfboden ein weißlicher Belag entsteht. Die Masse in eine Schüssel geben und zuerst das Ei, danach das Eigelb unterrühren. Den Brandteig in einen Spritzbeutel mit Lochtülle füllen und etwa 10 cm lange Streifen ins Frittierfett spritzen. Die Krapfen goldbraun ausbacken, mit dem Schaumlöffel herausheben und auf Küchenpapier abtropfen lassen. Die Krapfen im Backofen warm halten.

2 Für das Gemüse die Bohnen putzen, waschen, in etwa 2 cm breite Stücke schneiden und in kochendem, leicht gesalzenem Wasser etwa 1 Minute blanchieren. In ein Sieb abgießen und abtropfen lassen. Die Champignons putzen, falls nötig, trocken abreiben und vierteln. Die Schalotten schälen, vierteln und in feine Streifen schneiden.

3 Das Öl in einer Pfanne erhitzen und die Schalotten darin andünsten. Die Champignons dazugeben und mitdünsten. Die Bohnen untermischen und mit Meersalz würzen. Die Brühe dazugeben und auf die Hälfte einköcheln lassen. Die Pfanne vom Herd nehmen, das Senföl unter das Gemüse rühren und mit Pfeffer würzen.

4 Für den Rinderrücken das Fleisch in etwa 6 mm dicke Scheiben schneiden und mit Meersalz würzen. Die Kräuter waschen und trocken tupfen. Den Knoblauch andrücken.

5 Das Öl mit Kräutern und Knoblauch in einer Pfanne erhitzen und den Rinderrücken darin auf jeder Seite etwa 30 Sekunden kräftig anbraten. Die Fleischscheiben mit Pfeffer würzen, herausnehmen und etwa 2 Minuten ruhen lassen. Dann jeweils etwa 3 Scheiben aufeinanderlegen und mit einem Spieß fixieren.

6 Das Gemüse in tiefe Teller verteilen und die Rinderrückenstapel daraufsetzen. Die Kefirkrapfen dazu servieren.

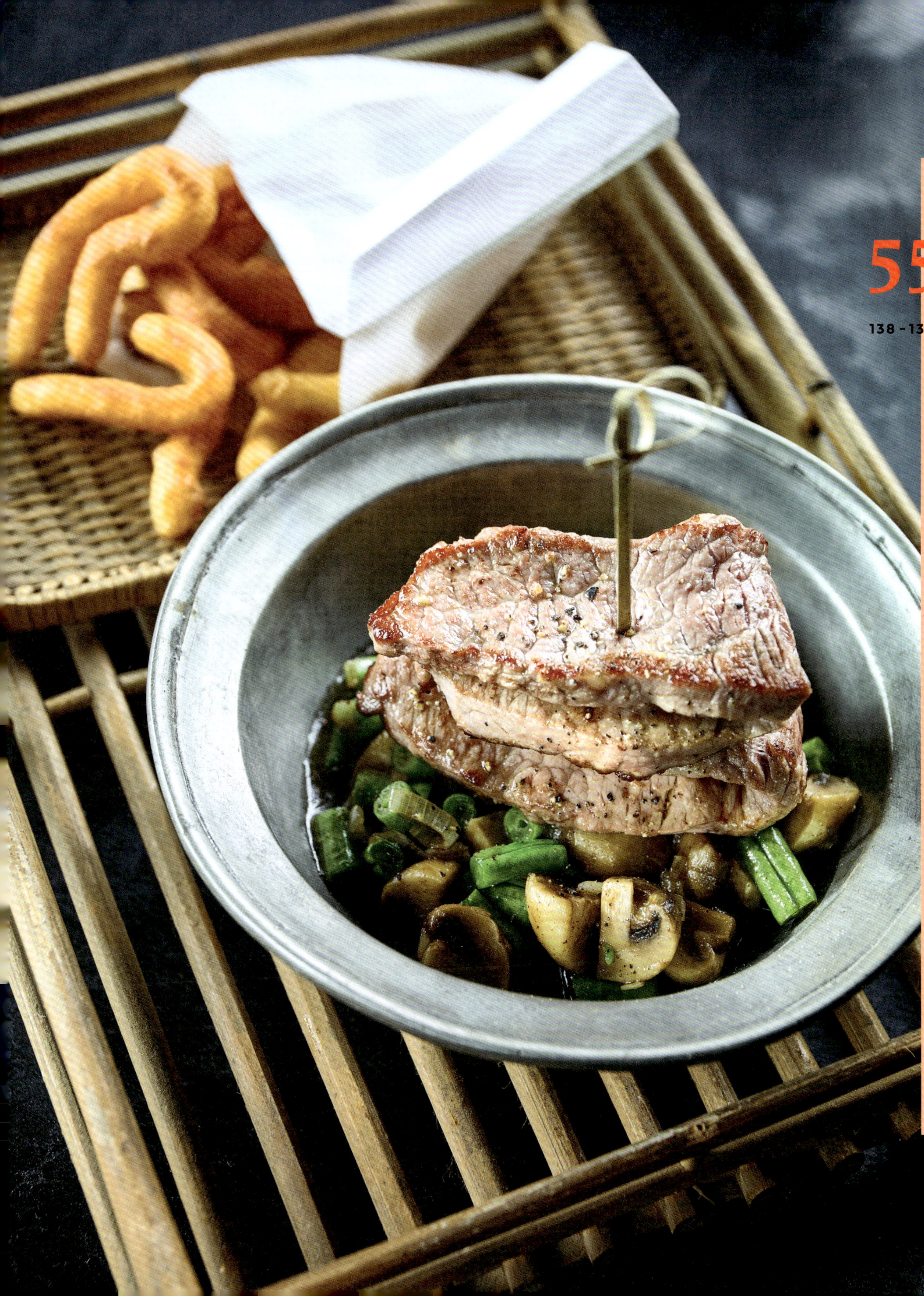

55

138 - 139

Rinderschulter mit Steinpilzen und Spitzkraut

Für 4 Personen

Für die Rinderschulter:
50 g Knollensellerie
2 Möhren
2 Gemüsezwiebeln
½ Stange Lauch
1 Stange Staudensellerie
½ Knoblauchknolle
800 g Rinderschulter (küchenfertig)
Meersalz
70 ml Rapsöl
ca. 2 l Rinderfond
4 EL Tomatenmark
3 Wacholderbeeren
ca. 1 l trockener Rotwein

Für das Spitzkraut:
2 Schalotten
400 g Spitzkraut
40 g Butter
Meersalz

Für die Steinpilzscheiben:
4 Steinpilze
2 EL Olivenöl
Meersalz

Für die Steinpilzwürfel:
4 Steinpilze
1 Schalotte
3 EL Olivenöl
20 g Butter

1 Für die Rinderschulter den Knollensellerie, die Möhren und die Zwiebeln putzen und schälen. Den Lauch und den Staudensellerie putzen und waschen, dabei das Selleriegrün beiseitelegen. Das Gemüse in 5 mm kleine Würfel schneiden. Die Knoblauchzehen ablösen und in der Schale andrücken. Die Rinderschulter in etwa 4 cm große Würfel schneiden und mit Meersalz würzen.

2 In einer großen Pfanne 4 EL Öl erhitzen und das Fleisch darin kräftig anbraten. Mit etwas Fond ablöschen, aufkochen lassen, sodass sich der Bratensatz löst, und alles in einen Bräter oder Topf geben. In der Pfanne 2 EL Öl erhitzen und das Gemüse mit dem Knoblauch darin kräftig anbraten. In einem kleinen Topf das restliche Öl erhitzen und das Tomatenmark darin kräftig anrösten. Gemüse, Tomatenmark und die angedrückten Wacholderbeeren zum Fleisch geben. Den Wein und so viel Fond dazugießen, dass alles knapp mit Flüssigkeit bedeckt ist. Die Rinderschulter zugedeckt etwa 3 Stunden weich schmoren, dabei noch etwas Fond und Wein angießen, falls das Fleisch nicht mehr mit Flüssigkeit bedeckt ist.

3 Das Fleisch und das Gemüse in ein Sieb gießen und den Fond in einem Topf auffangen. Den Fond sämig einköcheln lassen und das Fleisch mit dem Gemüse wieder dazugeben.

4 Für das Spitzkraut die Schalotten in feine Würfel schneiden. Die Blätter des Spitzkrauts vom Strunk lösen, waschen, trocken schütteln und in 2 cm breite Streifen schneiden, dabei dicke Blattrippen entfernen. Die Butter in einer Pfanne erhitzen und die Schalotten darin andünsten. Das Spitzkraut dazugeben, mit Meersalz würzen und etwa 3 Minuten dünsten.

5 Für die Steinpilzscheiben die Steinpilze putzen, trocken abreiben und längs in etwa 4 mm dicke Scheiben schneiden. Das Olivenöl in einer Pfanne erhitzen und die Pilze darin auf jeder Seite etwa 2 Minuten kräftig anbraten. Mit Meersalz würzen.

6 Für die Steinpilzwürfel die Steinpilze putzen, trocken abreiben und in etwa 5 mm große Würfel schneiden. Die Schalotte schälen und in feine Würfel schneiden. Das Olivenöl in einer Pfanne erhitzen und die Pilze darin anbraten. Die Schalotten dazugeben und etwa 3 Minuten kräftig mitbraten. Etwa 4 EL Schmorfond untermischen, die Hitze reduzieren und die Butter einrühren.

7 Die Steinpilzscheiben kreisförmig auf Tellern anrichten, die Rinderschulter mit Gemüse und Schmorfond darauf verteilen. Etwas Spitzkraut daraufsetzen, die Steinpilzwürfel darüberstreuen und mit Selleriegrün garnieren.

Tipp

So prüfe ich, ob die Rinderschulter gar ist: Mit einer
spitzen Gabel (idealerweise
einer Fleischgabel) in einen
Fleischwürfel stechen –
kann man die Gabel einfach
wieder herausziehen, ist das
Fleisch gar; bleibt der Würfel
stecken, muss das Fleisch
noch weiterschmoren.

Ochsenbacken mit Kürbis

Für 4 Personen

Für die Ochsenbacken:
50 g Knollensellerie
2 Möhren
2 Gemüsezwiebeln
½ Stange Lauch
1 Stange Staudensellerie
½ Knoblauchknolle
800 g Ochsenbacken (küchenfertig)
Meersalz
4 EL Rapsöl
ca. 2 l Rinderfond
4 EL Tomatenmark
3 Wacholderbeeren
ca. 1 l trockener Rotwein

Für das Kürbispüree:
300 g Muskatkürbis
4 EL Olivenöl
Meersalz
100 g Schalotten
50 g Butter
80 ml trockener Weißwein

Außerdem:
20 Kürbiskerne
2 EL Kürbiskernöl

1 Für die Ochsenbacken den Knollensellerie, die Möhren und die Zwiebeln putzen und schälen. Den Lauch und den Staudensellerie putzen und waschen. Das Gemüse in walnussgroße Würfel schneiden. Die Knoblauchzehen ablösen und in der Schale andrücken. Die Ochsenbacken mit Meersalz würzen.

2 In einer großen Pfanne 2 EL Rapsöl erhitzen und die Ochsenbacken darin rundherum kräftig anbraten. Mit etwas Fond ablöschen, aufkochen lassen, sodass sich der Bratensatz löst, und alles in einen Bräter oder Topf geben. In der Pfanne 1 EL Rapsöl erhitzen und das Gemüse mit dem Knoblauch darin kräftig anbraten. Das restliche Rapsöl in einem kleinen Topf erhitzen und das Tomatenmark darin kräftig anrösten. Gemüse, Tomatenmark und angedrückte Wacholderbeeren zum Fleisch geben und den Rotwein hinzufügen. So viel Fond dazugießen, dass alles knapp bedeckt ist. Die Ochsenbacken zugedeckt 3 bis 4 Stunden weich schmoren (siehe Tipp S. 141), dabei noch etwas Fond und Wein angießen, falls das Fleisch nicht mehr mit Flüssigkeit bedeckt ist.

3 Für das Kürbispüree den Backofen auf 180 °C Umluft vorheizen. Die Kerne des Kürbisses mit einem Esslöffel entfernen. Den Kürbis halbieren, auf ein mit Backpapier belegtes Blech legen, mit Olivenöl beträufeln und mit Meersalz würzen. Den Kürbis im Ofen auf der mittleren Schiene etwa 1 Stunde weich garen.

4 Die Ochsenbacken und das Gemüse in ein Sieb gießen und den Fond in einem Topf auffangen. Den Fond sämig einköcheln lassen.

5 Aus den Kürbisspalten mit einem Löffel etwa 20 kleine Stücke herausbrechen und warm stellen. Das restliche Fruchtfleisch auslösen. Die Schalotten schälen und in feine Ringe schneiden. Die Butter in einem Topf erhitzen und die Schalotten darin andünsten. Das ausgelöste Kürbisfleisch mitdünsten und mit Salz würzen. Mit dem Wein ablöschen, aufkochen und zugedeckt bei schwacher Hitze etwa 3 Minuten garen. Den Kürbis samt Schmorflüssigkeit im Küchenmixer oder mit dem Stabmixer pürieren. Das Püree durch ein feines Sieb streichen und mit Salz abschmecken.

6 Die Kürbiskerne in einer Pfanne ohne Fett rösten, bis sie duften, und grob hacken. Die abgekühlten Ochsenbacken in Scheiben schneiden und in der Sauce erwärmen. Die Ochsenbacken auf Teller verteilen und mit der Sauce beträufeln. Die Kürbisstücke und die Kürbiskerne darauf verteilen. Das Kürbispüree daneben anrichten und nach Belieben mit einem Teigschaber Wellen formen. Das Kürbiskernöl darüberträufeln.

Zwetschgen-Bavesen mit Zwetschgenkompott und Salbeieis

Für 4 Personen

Für das Eis:
1 Zweig Salbei
250 g Sahne
¼ l Milch
125 g Zucker
5 Eigelb

Für das Kompott:
200 g Zwetschgen
75 g Zucker
1 TL Speisestärke
150 ml trockener Rotwein
2 Gewürznelken
1 Zimtstange

Für die Bavesen:
8 Scheiben Weißbrot
3–4 EL Zwetschgenmus
2 Eier
2 EL Sahne
Meersalz
Zucker
4 EL Rapsöl
40 g Butter

Außerdem:
2 EL Zucker
1 TL Zimtpulver

1 Für das Eis den Salbei waschen und trocken tupfen. Die Sahne mit der Milch und dem Salbei in einem Topf aufkochen. Den Zucker gleichmäßig in einen weiteren Topf streuen und bei mittlerer Hitze goldgelb karamellisieren. Den Salbei entfernen, die Sahnemilch zum Karamell geben und köcheln, bis sich der Karamell gelöst hat.

2 Die Eigelbe in einer Schüssel verrühren und auf ein heißes Wasserbad setzen. Die kochende Sahne-Karamell-Mischung nach und nach dazugeben und so lange weiterrühren, bis die Mischung 80 bis 82 °C heiß ist. Die Mischung durch ein feines Sieb gießen und in der Eismaschine nach Herstellerangabe gefrieren lassen.

3 Für das Kompott die Zwetschgen waschen, halbieren und entsteinen. Die Hälften in etwa 3 mm große Würfel schneiden. Den Zucker gleichmäßig in einen Topf streuen und bei mittlerer Hitze goldgelb karamellisieren. Die Speisestärke mit wenig Wein glatt rühren. Den restlichen Wein zum Karamell gießen und köcheln, bis sich der Karamell gelöst hat. Die Gewürznelken und den Zimt dazugeben und die Speisestärke unterrühren. Die Mischung etwa 4 Minuten köcheln lassen. Die Zwetschgen unterrühren, aufkochen und das Kompott abkühlen lassen.

4 Für die Bavesen 4 Weißbrotscheiben mit dem Zwetschgenmus bestreichen und die übrigen Brotscheiben jeweils darauflegen. Die Eier mit der Sahne, 1 Prise Meersalz und 2 Prisen Zucker in einem tiefen Teller verquirlen.

5 Das Öl in einer großen Pfanne erhitzen. Die Brote in der Eiermischung wenden und in der Pfanne auf jeder Seite etwa 2 Minuten goldbraun braten. Das Öl aus der Pfanne tupfen, die Butter hineingeben und die Bavesen in der schäumenden Butter wenden. Die Bavesen auf Küchenpapier abtropfen lassen.

6 Den Zucker mit dem Zimtpulver in einem tiefen Teller mischen und die Bavesen darin wenden. Das Kompott auf Teller verteilen. Aus dem Eis mit zwei Esslöffeln Nocken formen und auf das Kompott setzen. Die Bavesen schräg halbieren und auf dem Kompott anrichten.

Feigengratin mit Rotweineis

Für 4 Personen

Für das Eis:
1 l trockener Rotwein
5 Eigelb
175 g Zucker
250 g kalte Butter

Für das Gratin:
2 Eier
3 EL Zucker
200 g Schmand
20 g Speisestärke
Meersalz
8 Feigen

Außerdem:
1 Scheibe Pumpernickel
Puderzucker zum Bestäuben

1 Für das Eis den Wein in einem Topf auf 600 ml einköcheln lassen. Die Eigelbe mit dem Zucker in einer Schüssel über dem heißen Wasserbad verrühren. Den heißen Wein nach und nach dazugeben und so lange rühren, bis die Mischung 80 bis 82 °C heiß ist. Die Weinmischung durch ein feines Sieb gießen.

2 Die Butter in Würfel schneiden und mit dem Stabmixer nach und nach in die Weinmischung schlagen. Die Masse in der Eismaschine gefrieren lassen.

3 Für das Gratin den Backofen auf 250 °C (mit Grill oder Oberhitze) vorheizen. Die Eier mit dem Zucker in einer Schüssel hellschaumig rühren. In einer weiteren Schüssel den Schmand mit der Speisestärke und 1 Prise Meersalz verrühren. Den Eierschaum unter die Schmandmasse heben.

4 Die Feigen waschen, trocken tupfen und in Scheiben schneiden, dabei die Stielansätze entfernen. Die Scheiben in ofenfeste Schälchen verteilen und mit der Gratinmasse bedecken. Die Feigengratins im Backofen auf der oberen Schiene 3 bis 10 Minuten goldbraun überbacken.

5 Den Pumpernickel im Blitzhacker mixen und nach Belieben in der Pfanne etwas rösten. Die Pumpernickelkrümel auf Teller streuen. Aus dem Eis mit einem Eisportionierer Kugeln ausstechen und auf die Krümel setzen. Das heiße Gratin mit Puderzucker bestreuen und dazu servieren.

Walnusskuchen mit Schokomousse, Topfen und Beeren

Für 4 Personen

Für die Schokomousse:
250 g Zartbitterkuvertüre
(64 % Kakaoanteil)
5 Eier
100 g Zucker
100 g Sahne
2 EL Walnussöl

Für den Kuchen:
175 g weiche Butter
300 g Zucker
6 Eier
300 g gemahlene Walnüsse
100 g Mehl

Für den Topfen:
100 g Speisequark (20 % Fett)
1 EL Honig

Außerdem:
12 Erdbeeren
100 g Johannisbeeren
12 Himbeeren
20 Heidelbeeren

1 Für die Schokomousse die Kuvertüre hacken und im warmen Wasserbad (maximal 50 °C) schmelzen lassen. Die Eier trennen. Die Eiweiße und 50 g Zucker zu einem steifen Schnee schlagen. Die Eigelbe und den übrigen Zucker hellcremig rühren. Die Sahne ebenfalls mit steif schlagen. Die Kuvertüre vom Wasserbad nehmen und mit dem Walnussöl verrühren. Zuerst die Eigelbcreme, dann den Eischnee und zum Schluss die Sahne unterheben. Die Schokomousse in einen Spritzbeutel füllen und etwa 4 Stunden kühl stellen.

2 Für den Kuchen den Backofen auf 160 °C Umluft vorheizen. Die Butter und den Zucker cremig rühren. Die Eier trennen und die Eigelbe nach und nach unter die Buttermasse rühren. Dann die Eiweiße nach und nach unterrühren.

3 Die Walnüsse mit dem Mehl in einer Schüssel mischen und unter die Butter-Ei-Masse heben. Den Teig etwa 2 cm hoch auf einem mit Backpapier belegten Backblech verteilen und im Ofen auf der mittleren Schiene 20 bis 25 Minuten goldbraun backen. Den Kuchen herausnehmen, auf ein Gitter stürzen und auskühlen lassen.

4 Für den Topfen den Quark mit dem Honig verrühren. Die Beeren verlesen, waschen und trocken tupfen. Die Erdbeeren halbieren oder vierteln, die Johannisbeeren abzupfen.

5 Aus dem Walnusskuchen in der Größe der Gläser 12 Kreise ausstechen. In jedes Glas 1 Kuchenkreis legen, ein Drittel des Quarks, der Beeren und der Schokomousse darauf verteilen. Zwei weitere Schichten auf die gleiche Weise daraufgeben. Das Dessert nach Belieben mit Walnusshälften sowie Minzeblättern garnieren und mit etwas Puderzucker bestäuben.

Schokoladentaler mit Apfelstreuseln, Apfelgel und Schwarzerde

Für 4 Personen

Für den Apfelstreusel:
1 Ei
125 g Mehl
35 g Zucker
70 g weiche Butter
Meersalz
1 TL Rum
50 g Haselnusskerne
50 g Butter
50 g Mehl
35 g Zucker
500–600 g Apfelmus

Für die Schokotaler:
50 g blanchierte Mandeln
40 g Butterkekse
75 g weiße Schokolade, gehackt
75 g Milchschokolade, gehackt
16 ml Haselnussöl
10 g Milchpulver
Meersalz

Für die Schwarzerde:
70 g Schwarzbrot
130 g weiche Butter
140 g Zucker
Meersalz
45 g Kakaopulver
100 g gemahlene Haselnüsse

Für das Apfelgel:
100 ml Apfelsaft
1 g Agar-Agar (aus dem Bioladen)

Für das Apfelkompott:
1 Granny-Smith-Apfel
1 Spritzer Zitronensaft
Zucker

Außerdem:
Mehl zum Arbeiten
Öl für das Blech
Puderzucker zum Bestreuen

1 Für die Apfelstreusel das Ei leicht verquirlen und die Hälfte davon (den Rest anderweitig verwenden) mit Mehl, Zucker, Butter, 1 Prise Meersalz und Rum zu einem Mürbeteig verkneten. Den Teig in Frischhaltefolie gewickelt etwa 30 Minuten kühl stellen.

2 Den Backofen auf 175 °C Umluft vorheizen. Die Haselnüsse in einer Pfanne rösten, bis sie duften. In einem Küchentuch die Schalen abreiben und die Nüsse im Blitzhacker fein mahlen. Die Butter zerlassen und mit Mehl, Zucker und Nüssen zu Streuseln verrühren.

3 Den Teig auf der bemehlten Arbeitsfläche auf die halbe Größe des Backblechs ausrollen und auf das mit Backpapier belegte Blech legen. Das Apfelmus darauf verteilen, die Streusel daraufstreuen und im Ofen auf der mittleren Schiene 35 bis 40 Minuten backen. Falls die Streusel zu dunkel werden, die Oberfläche mit Backpapier abdecken. Auf dem Blech abkühlen lassen.

4 Für die Schokotaler die Mandeln in einer Pfanne anrösten. Auf einem Teller abkühlen lassen. Mandeln und Kekse im Blitzhacker grob zerstoßen. Beide Schokoladensorten in einer Schüssel über dem heißen Wasserbad (max. 40 °C; mit einem Küchenthermomater prüfen) unter Rühren schmelzen. Dann auf 28 °C abkühlen lassen. Wieder auf 31 °C erhitzen. Mandelmischung, Haselnussöl, Milchpulver und 1 Prise Meersalz unterrühren. Die Masse auf ein leicht geöltes Backblech streichen und etwa 1 Stunde fest werden lassen.

5 Für die Schwarzerde den Backofen auf 170 °C Umluft vorheizen. Das Brot im Blitzhacker fein zerkleinern. Die Butter mit dem Zucker und etwas Meersalz verrühren, Kakaopulver, Haselnüsse und das Brot untermischen. Die Masse dünn auf ein mit Backpapier belegtes Backblech streichen und im Ofen auf der mittleren Schiene etwa 12 Minuten backen. Die Masse durchrühren und 10 bis 12 Minuten weiterbacken, dabei noch ein paarmal durchrühren (so wird die Masse knusprig). Das Blech herausnehmen und auf einem Gitter abkühlen lassen. Schwarzerde im Blitzhacker zerkleinern.

6 Für das Apfelgel den Apfelsaft und das Agar-Agar in einem Topf mit dem Schneebesen verrühren und aufkochen. Die Mischung abkühlen lassen und im Küchenmixer oder mit dem Stabmixer glatt mixen. Für das Apfelkompott den Apfel waschen, entkernen und mit Schale in feine Würfel schneiden. Die Apfelwürfel mit 1 Prise Zucker, dem Zitronensaft und 1 EL Apfelgel verrühren.

7 Aus der Schokoplatte mit einem Ausstecher 4 Kreise (ca. 10 cm Ø) und aus dem Streusel 4 Kreise (ca. 8 cm Ø) ausstechen. Auf jedem Teller 1 Schoko- und 1 Apfelstreuseltaler aufeinanderlegen. Die Schwarzerde darüberstreuen. Mit Kompott und Apfelgel anrichten.

Tipp

Aus den Apfelstreuseln
lässt sich schnell ein Kuchen
machen: Den Teig dafür wie
beschrieben backen und danach in Mini-Stücke schneiden – ideal zum Espresso.
Den Kuchen kann man gut
ein paar Tage aufbewahren.

Pflaumenhefekuchen

Für ca. 8 Stücke

Für den Hefeteig:
500 g Mehl
30 g Zucker
40 g weiche Butter
10 g Trockenhefe

Für die Füllung:
2 große Pflaumen
200 g Pflaumenkonfitüre

Außerdem:
25 g flüssige Butter

1 Für den Hefeteig das Mehl in eine Schüssel sieben, die übrigen Zutaten und 320 ml lauwarmes Wasser hinzufügen. Alles zu einem glatten Teig verkneten. Den Teig mit einem Küchentuch bedeckt an einem warmen Ort etwa 30 Minuten gehen lassen, bis sich sein Volumen verdoppelt hat. Dann den Teig etwa 3 Minuten kräftig durchkneten und zugedeckt weitere 30 Minuten gehen lassen.

2 Für die Füllung die Pflaumen waschen, halbieren, entsteinen und in etwa 2 cm große Würfel schneiden. Den Teig auf der bemehlten Arbeitsfläche zu einem 40 x 40 cm großen Quadrat ausrollen und mit der Konfitüre bestreichen. Die Pflaumen darauf verteilen, den Teig aufrollen und ringförmig in eine mit Butter gefettete Springform legen. Die Roulade mit einem Küchentuch bedeckt an einem warmen Ort etwa 30 Minuten gehen lassen. Den Backofen auf 170 °C Umluft vorheizen.

3 Die Roulade im Backofen auf der mittleren Schiene 40 bis 50 Minuten goldbraun backen, dabei nach etwa 20 Minuten mit der flüssigen Butter bestreichen. Den Pflaumenkuchen auf einem Kuchengitter abkühlen lassen und in Stücke schneiden.

Schokobrownies mit Haselnusskrokant

Für 12–16 Stücke

Für die Brownies:
220 g Zartbitterkuvertüre
(64 % Kakaoanteil)
180 g Butter
1 Ei
2 Eigelb
320 g Zucker
6 Eiweiß

Für den Krokant:
50 g Haselnusskerne
35 g Zucker

Außerdem:
Öl für das Blech

1 Für die Brownies die Kuvertüre grob hacken und mit der Butter in einer Schüssel über dem heißen Wasserbad schmelzen. Das Ei, die Eigelbe und 120 g Zucker in einer Schüssel hellschaumig rühren. Die Eiweiße und den restlichen Zucker zu einem steifen Schnee schlagen.

2 Den Backofen auf 160 °C vorheizen. Die Kuvertüremischung vom Wasserbad nehmen und die Eigelbmasse unterrühren. Dann den Eischnee unterheben. Die Schokomasse auf einem mit Backpapier belegten Blech etwa 3 bis 4 cm hoch verteilen. (Falls das Blech zu groß ist, aus Backpapier einen Begrenzungsrand formen.) Die Browniemasse im Ofen auf der mittleren Schiene etwa 45 Minuten backen. Herausnehmen und abkühlen lassen.

3 Für den Krokant die Haselnüsse auf einer ofenfesten Platte (oder in einer Form) verteilen und im Backofen bei 100 °C erwärmen. Den Zucker in einem Topf gleichmäßig verteilen und bei mittlerer Hitze goldbraun karamellisieren. Die Haselnüsse unter den Karamell mischen und auf einem mit Öl gefetteten Blech abkühlen lassen. Den Haselnusskrokant mit einem Topf grob zerstoßen oder in Stücke brechen.

4 Die Brownieplatte in etwa 5 x 8 cm große Stücke schneiden und mit dem Krokant bestreuen.

WINTER

Winterzeit ist für mich Snowboard-Zeit. Sobald der erste Schnee fällt, wechsle ich vom
Motorradsattel direkt aufs Brett. Denn ich
muss immer in Bewegung sein, immer Tem-
po, immer Vollgas. Um mich vom Snowboard
runterzukriegen, gibt es eigentlich nur eine
Möglichkeit: Man muss mich mit den Schätzen der Winterküche locken, mit Weißkraut,
Blaukraut, Sauerkraut, mit Wirsing, Nüssen,
Hülsenfrüchten. Für mich als Koch ist der
Winter alles andere als eine dunkle Jahreszeit – und für mich als Schneemensch sowieso.

Damit koche ich im Winter.

Die Tage werden kürzer und etwas dunkler, die Gerichte kräftiger und wärmender. Wir verbringen mehr Zeit gemütlich zu Hause und nehmen uns mehr Zeit zum Kochen.

+ Blaukraut/Rotkohl
Klassisches Blaukrautgemüse passt natürlich perfekt zu winterlichem Entenbraten oder Wild. Sehr fein ist aber auch ein Salat aus hauchdünn gehobeltem Rotkohl. Ich lasse ihn mit etwas Meersalz und Zucker zuerst Wasser ziehen, gieße es ab und mache ihn mit einem feinen Essig und sehr gutem Öl an.

+ Feldsalat
Mein Lieblingssalat übersteht Schnee und Eis. Er ist ein Allrounder hinsichtlich Aromen und Zubereitungen: mit Kartoffel-Dressing, mit Balsamico-Vinaigrette, gedünstet wie Spinat oder zu Püree verarbeitet, mit Äpfeln, Birnen, Preiselbeeren.

+ Kerbelwurzeln
Geschmacklich liegen sie irgendwo zwischen Pastinake und Petersilienwurzel und haben eine leicht süßliche Note. Ich verarbeite Kerbelwurzeln gerne zu einem Püree, es passt perfekt zu Saiblingen oder Krustentieren.

+ Nüsse
Desserts ohne Nüsse sind im Winter für mich undenkbar. Man kann auf Mehl verzichten und nur mit Nüssen wunderbar aromatische Küchlein und Kuchen backen. Weil die braune Haut der Haselnüsse leicht bitter schmeckt, röste ich die Nüsse im Ofen und reibe dann die Häute in einem Küchentuch ab.

+ Petersilienwurzeln
Sie sehen ähnlich aus wie Pastinaken, sind aber weniger süßlich. Am aromatischsten sind kleinere Exemplare. Ich bereite gerne Pürees daraus zu und mische für ein besonders kräftiges Aroma und eine coole grüne Farbe zum Schluss noch etwas Petersilienpüree darunter.

+ Rote Bete
Sie gehören eindeutig zu meinen Lieblingsgemüsen. Roh geraspelt im Quark oder fein gehobelt als Carpaccio – göttlich! Für ein Gemüse kann man sie natürlich in Wasser weich kochen, ich gare sie jedoch lieber auf einem Salzbett im Backofen.

+ Schwarzwurzeln
Ich gare sie am liebsten mit etwas Walnussöl in Alufolie gewickelt im Backofen, anschließend werden sie paniert und ausgebacken. Diese besondere Beilage passt super zu hellem Fleisch. Wichtig: Beim Schälen unbedingt Handschuhe tragen, der Schwarzwurzelsaft ist recht klebrig und haftet fest auf der Haut.

+ Topinambur
Topinambur werden zwar häufig als süßliche Verwandte der Kartoffel bezeichnet, tatsächlich erinnern sie geschmacklich eher an Artischocken. Schade, dass sie so selten verwendet werden. Sie schmecken großartig als Suppe, Püree oder hauchdünn geschnitten und frittiert als Chips.

+ Wild
Dunkle Schmorgerichte mit Wildfleisch, harzig-fruchtig gewürzt mit Wacholder, sind wunderbar wärmende Gerichte für den Winter. Ein weiterer Pluspunkt: Wildfleisch hat immer Bioqualität.

+ Wirsing
Wirsing passt zu allen Fleischarten, zu hellen und zu dunklen. Am liebsten dünste ich ihn mit Zwiebeln und Speck und binde ihn mit ein wenig Butter ab. Oder ich bereite daraus ein vegetarisches Wirsinggericht zu: Dafür lege ich ein blanchiertes Blatt in eine Schöpfkelle, gebe Ratatouille hinein und klappe es zu. Etwas Käse darauf und im Ofen überbacken.

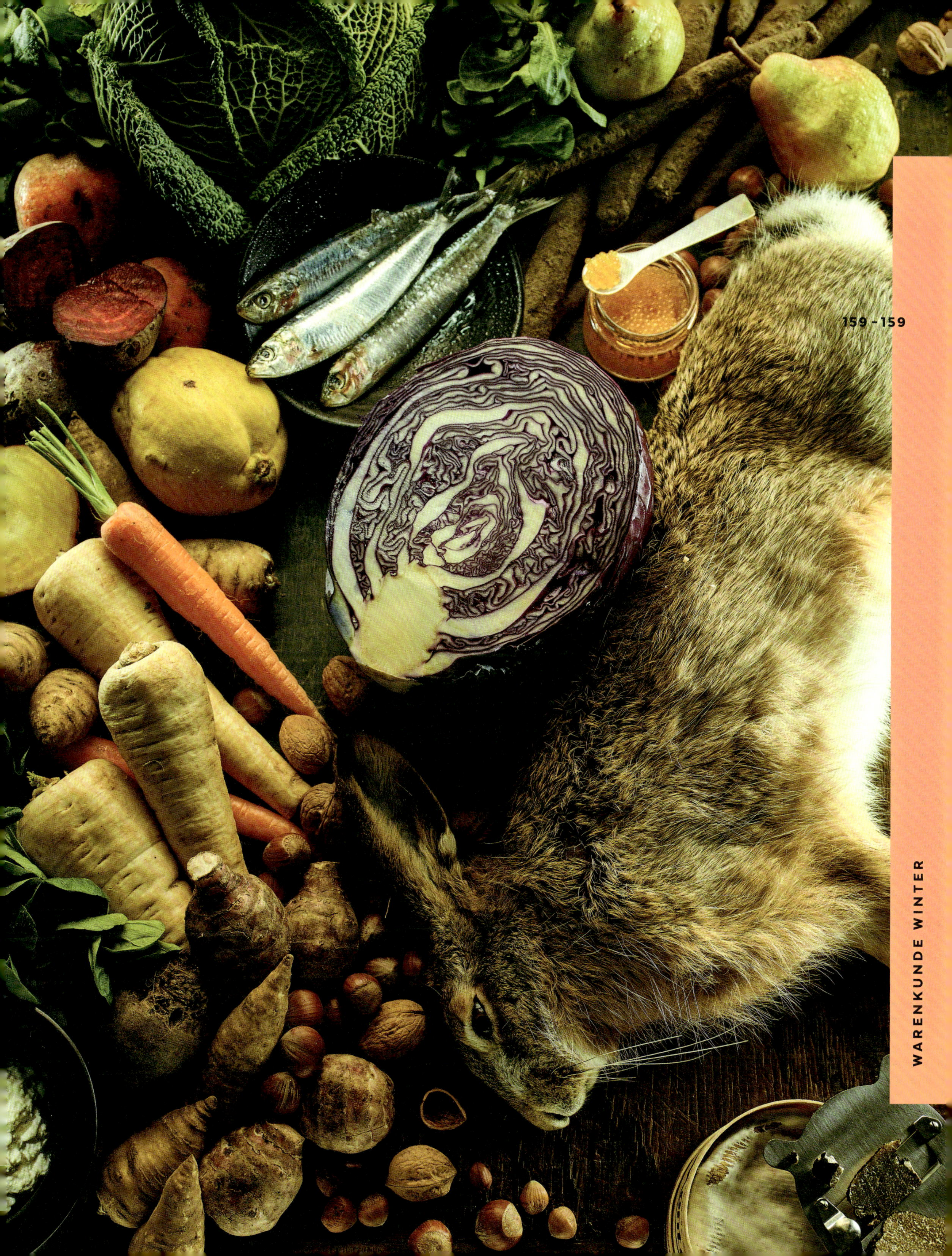

Saiblingstatar mit Kaviar und Schwarzwurzelfäden

Für 4 Personen

Für das Tatar:
300 g Saiblingsfilets
Meersalz
5 EL Traubenkernöl
1 Spritzer Zitronensaft
abgeriebene Schale von ¼ Bio-Zitrone
¼ Bund Schnittlauch

Für die Schwarzwurzelfäden:
100 ml Milch
1 Spritzer Zitronensaft
1 Schwarzwurzel
1 Spritzer Apfelessig
Meersalz

Außerdem:
8 Scheiben Bauernbrot
6 EL Saiblingskaviar

1 Für das Tatar die Saiblingsfilets waschen, trocken tupfen und in sehr feine Würfel schneiden. Das Tatar kräftig mit Meersalz, Traubenkernöl, Zitronensaft und -schale würzen. Den Schnittlauch waschen und trocken schütteln, in feine Röllchen schneiden und unter das Tatar mischen.

2 Für die Schwarzwurzelfäden in einer weiten Schüssel die Milch mit etwa 100 ml Wasser und dem Zitronensaft mischen. Die Schwarzwurzel unter fließendem Wasser abbürsten, schälen (dabei am besten Einweghandschuhe tragen, der Saft ist sehr klebrig) und in die Milchmischung legen. Die Schwarzwurzel in feine Streifen raspeln oder schneiden und sofort in einer Schüssel mit Essig und Meersalz mischen.

3 Das Brot in mundgerechte Stücke schneiden und das Saiblingstatar darauf verteilen. Die Schwarzwurzelfäden portionsweise mit einer Gabel aufrollen und auf das Saiblingstatar setzen. Mit Spießchen fixieren und den Kaviar darauf verteilen. Die Häppchen nach Belieben mit Rock-Chives-Kresse garnieren.

Topinambur-Lauch-Riesling-Suppe mit Hütten-käse-Schnittlauch-Brot

Für 4 Personen

Für die Suppe:
ca. 170 g Lauch (nur der weiße Teil)
½ weiße Zwiebel
150 g Topinambur
3 EL Olivenöl
Meersalz
400 ml trockener Riesling

Für das Brot:
½ Bund Schnittlauch
250 g Hüttenkäse
4 Scheiben Bauernbrot
Pfeffer aus der Mühle

1 Für die Suppe den Lauch putzen, waschen, trocken schütteln und in feine Ringe schneiden. Die Zwiebel schälen und in feine Würfel schneiden. Die Topinambur schälen und in feine Scheiben schneiden.

2 Das Olivenöl in einem Topf erhitzen und das Gemüse darin andünsten. Mit Meersalz würzen und mit dem Wein ablöschen. Aufkochen lassen und das Gemüse zugedeckt etwa 15 Minuten köcheln lassen.

3 Für das Brot den Schnittlauch waschen, trocken schütteln und in feine Ringe schneiden. Den Hüttenkäse auf dem Bauernbrot verteilen, etwas Pfeffer darübermahlen und den Schnittlauch daraufstreuen.

4 Das Gemüse samt Flüssigkeit im Küchenmixer oder mit dem Stabmixer pürieren. Die Suppe durch ein feines Sieb streichen und mit Meersalz abschmecken. In Schälchen verteilen und nach Belieben mit Schnittlauch bestreuen.

WINTER

Frisches Brot
wie anno dazumal

Diese Geschichte ist so unglaublich, dass ich sie selbst zuerst nicht glauben wollte: Mitten in München, sagte mir ein Freund, direkt beim Hofbräuhaus, soll sich noch eine echte, uralte Brotmühle verstecken, die allerletzte der Stadt. Als ich die Hofbräuhaus-Kunstmühle zum ersten Mal betrat, fühlte ich mich tatsächlich wie Max und Moritz gleichzeitig. Denn hier sieht es noch genauso aus wie zu Wilhelm Buschs Zeiten: überall Räder und Riemen, überall Rattern und Rumpeln. Stefan Blum führt die Mühle in vierter Generation, und auch er gehört zu diesen bewundernswerten Menschen, die ihre Arbeit mit wahnsinnig viel Liebe und Leidenschaft machen, mit einer unglaublichen Sorgfalt und Hingabe.

Kompromisse gibt's bei Stefan nicht, schon gar nicht bei der Qualität. Tagsüber wird gemahlen, nachts gebacken, fantastisches Schüttelbrot und tausend andere Supersachen. Morgens wird dann so lange die Ware verkauft, bis nichts mehr da ist – die beste Frischegarantie! Ich habe von Stefan irrsinnig viel über gutes Brot gelernt, der Mann weiß wirklich alles. Er hat mir zum Beispiel gesagt, dass mit einem Vollkornmehl etwas nicht stimmen kann, wenn es zwei Jahre lang haltbar ist. Entweder ist der Keimling nicht mehr drin, dann ist es kein richtiges Vollkornmehl, oder es schmeckt nach einem halben Jahr ranzig. Er selbst macht Vollkornmehl nur auf Vorbestellung. Also nichts wie hin, denn eines garantiere ich allen: Wer einmal das Brot von der Hofbräuhaus-Bäckerei gegessen hat, hält nie wieder an der Tanke, um aufgebackenen Industrieplastikmist zu kaufen.

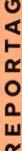

Geflügeleintopf mit Kerbel, Topinambur, Rosenkohl und Petersilienwurzel

Für 4 Personen

Für die Brühe:
2 Geflügelkeulen (Perlhuhn oder
Schwarzfederhuhn; à ca. 300 g)
Meersalz
1 Möhre
1 Zwiebel
¼ Stange Lauch

Für die Einlage:
1 Kerbelwurzel
1 Petersilienwurzel
1 Topinambur
1 Möhre
4 Rosenkohlröschen
¼ Stange Lauch (der weiße Teil)
¼ Bund Schnittlauch

Außerdem:
ein paar Scheiben Bauernbrot

1 Für die Brühe die Geflügelkeulen waschen und mit 400 ml Wasser und etwas Meersalz in einen Topf geben. Die Möhre und die Zwiebel schälen und in Stücke schneiden. Den Lauch längs halbieren, waschen, trocken schütteln und in Scheiben schneiden. Das Gemüse in den Topf geben, alles aufkochen und etwa 35 Minuten köcheln lassen.

2 Die Brühe vorsichtig (damit der Fond nicht trüb wird) durch ein Sieb in einen Topf gießen. Das Fleisch von den Keulen lösen und klein zupfen.

3 Für die Einlage die Kerbelwurzel, Petersilienwurzel, Topinambur und Möhre putzen, schälen und in feine Scheiben schneiden. Den Rosenkohl putzen, den Strunk keilförmig herausschneiden und die einzelnen Blätter abzupfen. Den Lauch längs halbieren, waschen, trocken schütteln und schräg in Stücke schneiden. Den Schnittlauch waschen, trocken schütteln und in feine Ringe schneiden.

4 Die Brühe in einem Topf aufkochen und die Wurzelgemüse mit dem Rosenkohl darin etwa 1 Minute köcheln. Den Lauch hinzufügen und aufkochen lassen. Das Geflügelfleisch in den Eintopf geben und den Schnittlauch darüberstreuen. Den Geflügeleintopf nach Belieben mit Bauernbrot servieren.

168-169

Wintersalat
mit Sardellen und
Schwarzwurzel-Vinaigrette

Für 4 Personen

Für die Vinaigrette:
50 ml Milch
1 Spritzer Zitronensaft
1 Schwarzwurzel
2 Schalotten
4 EL Olivenöl
2 EL Portwein
Meersalz
4 EL Rotweinessig
80 ml Hanföl

Für die Sardellen:
24 frische Sardellenfilets
Meersalz
4 EL Olivenöl

Außerdem:
1 Chicorée
200 g Feldsalat

1 Für die Vinaigrette die Milch mit dem Zitronensaft in einer Schüssel verrühren. Die Schwarzwurzel unter fließendem Wasser abbürsten, schälen (dabei am besten Einweghandschuhe tragen, der Saft ist sehr klebrig) und in die Milch-Zitronensaft-Mischung legen. Die Schalotten schälen und in feine Würfel schneiden. Die Schwarzwurzel ebenfalls in feine Würfel schneiden.

2 Das Olivenöl in einer Pfanne erhitzen und die Schalotten mit der Schwarzwurzel darin etwa 1 Minute andünsten. Den Portwein dazugeben und aufkochen lassen. Alles in eine Schüssel geben, mit Meersalz würzen und den Essig sowie das Hanföl unterrühren.

3 Den Chicorée putzen, waschen und trocken schleudern. Den Strunk keilförmig herausschneiden und die Blätter ablösen. Den Feldsalat verlesen, waschen und trocken schleudern. Chicorée und Feldsalat in einer Schüssel mit der Vinaigrette mischen.

4 Für die Sardellen die Filets waschen, trocken tupfen und mit Meersalz würzen. Das Olivenöl in einer Pfanne erhitzen und die Sardellen darin auf der Hautseite etwa 1 Minute anbraten. Die Sardellen auf Tellern anrichten und mit dem Salat servieren.

Karpfen mit Topinambur, Quitte und Petersiliensauce

Für 4 Personen

Für die Petersiliensauce:
½ Bund Petersilie
200 ml Traubenkernöl
100 g Schalotten
10 Champignons
25 g Butter
200 ml trockener Riesling
100 ml Noilly Prat (franz. Wermut)
Meersalz
180 g Crème fraîche

Für die Senfkörner:
300 ml Apfelsaft
1 EL helle Senfkörner
1 EL dunkle Senfkörner
Meersalz
Zucker

Für die Quitte:
100 ml trockener Weißwein
40 g Zucker
1 Lorbeerblatt
2 EL Weißweinessig
Meersalz
1 Quitte

Für die Topinamburen:
2 Schalotten
4 Topinambur
2 EL Olivenöl
Meersalz
75 ml trockener Weißwein
75 ml Gemüsebrühe
30 g Butter

Für den Karpfen:
800 g Karpfenfilet
4 EL Olivenöl
Meersalz
30 g Butter
je 1 Zweig Rosmarin und
Thymian

1 Für die Petersiliensauce die Petersilie waschen und trocken schütteln, die Blätter abzupfen und mit dem Öl im Küchenmixer oder mit dem Stabmixer fein pürieren. Die Mischung 2 Stunden ruhen lassen. Ein Sieb mit einem Passiertuch auslegen, die Petersilienmischung hineingeben und etwa 2 Stunden abtropfen lassen. Das Petersilienöl in ein Glas abfüllen, verschließen und für Salate oder Garnierungen verwenden. Das Petersilienpüree beiseitestellen.

2 Die Schalotten schälen und in feine Würfel schneiden. Die Champignons putzen, trocken abreiben und in Scheiben schneiden. Die Butter in einem Topf erhitzen und die Schalotten mit den Pilzen darin andünsten. Wein und Noilly Prat dazugießen und auf etwa ein Fünftel einköcheln lassen. Den Fond durch ein Sieb gießen.

3 Für die Senfkörner 100 ml Apfelsaft mit den Senfkörnern und je 1 Prise Meersalz und Zucker aufkochen. Die Senfkörner in ein Sieb abgießen, wieder in den Topf geben und erneut mit 100 ml Apfelsaft und je 1 Prise Meersalz und Zucker aufkochen. In ein Sieb abgießen und den Vorgang ein drittes Mal wiederholen.

4 Für die Quitte den Wein mit Zucker, Lorbeerblatt, Essig und etwas Meersalz aufkochen. Die Quitte schälen und in Scheiben schneiden, mit einem Ausstecher Kreise ausstechen und halbieren. Die Quitte zur Weinmischung geben und aufkochen lassen. Den Herd ausschalten und die Quitte 10 Minuten ziehen lassen. Dann in ein Sieb abgießen.

5 Für die Topinamburen die Schalotten schälen und in feine Würfel schneiden. Den Topinambur ebenfalls schälen und in feine Scheiben schneiden. Das Olivenöl in einer Pfanne erhitzen und die Schalotten mit dem Topinambur darin andünsten. Mit Meersalz würzen und mit dem Wein ablöschen. Die Flüssigkeit etwa 3 Minuten einköcheln lassen. Die Brühe angießen und weitere 3 Minuten köcheln lassen. Zum Schluss die Butter unter die Sauce rühren.

6 Für den Karpfen den Fisch waschen und trocken tupfen, mit Meersalz würzen und in 4 Stücke schneiden. Das Öl in einer Pfanne erhitzen und die Filets auf jeder Seite etwa 2 Minuten anbraten. Die Kräuter waschen und trocken tupfen. Das Öl aus der Pfanne gießen oder tupfen und die Butter mit den Kräutern hinzufügen. Die Filets etwa 40 Sekunden mit der schäumenden Butter übergießen.

7 Den Fond mit dem Petersilienpüree in einem Topf verrühren, mit Salz würzen, die Crème fraîche hinzufügen und einmal aufkochen. Die Petersiliensauce auf Teller verteilen. Die Karpfenfilets darauf anrichten. Topinambur, Quitte und Senfkörner daneben verteilen.

Waller mit Feldsalatpüree, pochiertem Ei und Zwiebelstreifen

Für 4 Personen

Für das Püree:
5 Handvoll Feldsalat (ca. 300 g)
1 Zwiebel
1 Knoblauchzehe
50 g Butter
Meersalz

Für den Waller:
1 Zwiebel
50 ml trockener Weißwein
50 ml Noilly Prat (franz. Wermut)
50 g Butter
Meersalz
600 g Wallerfilet

Für die Eier:
1 Spritzer Weißweinessig
Meersalz
4 frische Eier

1 Für das Püree den Feldsalat verlesen, waschen und trocken schleudern. Die Zwiebel schälen und in feine Würfel schneiden. Den Knoblauch in der Schale andrücken. Die Butter in einem Topf erhitzen und die Zwiebel mit dem Knoblauch darin andünsten. Den Feldsalat hinzufügen und etwa 40 Sekunden mitdünsten, bis er zusammenfällt.

2 Den Feldsalat kräftig mit Meersalz würzen. Den Knoblauch entfernen und den Feldsalat im Küchenmixer oder mit dem Stabmixer fein pürieren.

3 Für den Waller die Zwiebel schälen und in Ringe schneiden. Wein, Noilly Prat, Butter und Meersalz mit der Zwiebel in einer Pfanne aufkochen. Das Wallerfilet waschen, trocken tupfen und leicht mit Meersalz würzen. Das Filet in den Fond legen und etwa 4 Minuten gar ziehen (nicht kochen) lassen, dabei nach der Hälfte der Zeit wenden. (Der Fond sollte etwa 80 °C heiß sein.)

4 Für die Eier in einem Topf 300 ml Wasser mit Essig und Meersalz aufkochen. Ein Ei in einen Schöpflöffel aufschlagen. In dem kochenden Wasser mit dem Schneebesen einen Wirbel erzeugen. Das Ei vorsichtig aus dem Schöpflöffel in die Mitte des Wirbels gleiten lassen und etwa 3 Minuten gar ziehen (nicht kochen) lassen. (Das Wasser sollte etwa 80 °C heiß sein.)

5 Das Ei mit dem Schaumlöffel herausheben, kurz abtropfen lassen und warm halten (siehe Tipp). Die übrigen Eier auf die gleiche Weise zubereiten.

6 Das Feldsalatpüree kurz erwärmen, auf Teller verteilen und jeweils 1 pochiertes Ei daraufsetzen. Den Waller in 4 Stücke schneiden, auf die Teller legen und etwas Fond sowie Zwiebelringe daraufgeben. Nach Belieben mit Pfeffer bestreuen und mit Kresse garnieren.

Tipp

Ich pochiere die Eier parallel in vier kleinen Töpfen. Alternativ kann man sie aber auch nacheinander pochieren und in einem großen Topf mit gesalzenem Wasser (50 °C) warm halten, bis das letzte Ei fertig ist.

Vacherin Mont d'Or mit Hörnchenkartoffeln

Für 4 Personen

Für den Ofenkäse:
1 Vacherin Mont d'Or (500 g)
4 cl weißer Süßwein

Für die Kartoffeln:
12 Hörnchenkartoffeln
Meersalz

Außerdem:
4 Scheiben geräucherter Bauchspeck

1 Für den Ofenkäse den Backofen auf 80 °C vorheizen. Die Oberfläche des Vacherin in der Holzschachtel mit einer Gabel etwa zehnmal einstechen. Den Süßwein darüberträufeln und den Vacherin in der Holzschachtel auf der mittleren Schiene im Backofen etwa 30 Minuten erwärmen.

2 Für die Kartoffeln die Hörnchenkartoffeln waschen und in Salzwasser etwa 25 Minuten weich garen. Die Kartoffeln abgießen, kurz ausdampfen lassen und mit dem Vacherin servieren. Bei Tisch löffelt sich jeder etwas Vacherin aus der Holzschachtel und genießt ihn mit den Kartoffeln und Bauchspeck.

Rindertatar mit Trüffel, Sardellen und lila Möhrenröllchen

Für 4 Personen

Für das Tatar:
600 g Rinderfilet
2 Schalotten
12 eingelegte Perlzwiebeln
5 Korianderkörner
3 EL Tomatenmark
80 ml Traubenkernöl
Meersalz
4 frische Eigelbe

Für die Möhrenröllchen:
1 lila Möhre (Urmöhre)
Meersalz
Zucker
1 TL Traubenkernöl

Für die Sardellenbrote:
8 Scheiben Roggenbrot
8 frische Sardellenfilets
Meersalz
2 EL Olivenöl

Außerdem:
4 g Trüffel

1 Für das Tatar das Rinderfilet in sehr feine Würfel schneiden und hacken. Die Schalotten schälen und in Würfel schneiden. Die Perlzwiebeln in feine Würfel schneiden. Die Korianderkörner im Mörser fein zerstoßen. Rinderfilet, Schalotten, Perlzwiebeln und Koriander mit Tomatenmark und Traubenkernöl mischen. Das Tatar kräftig mit Meersalz würzen.

2 Für die Möhrenröllchen die Möhre putzen, schälen und längs in feine Streifen hobeln oder schneiden (am besten mit der Aufschnittmaschine). Mit Salz und 1 Prise Zucker würzen und etwa 5 Minuten ziehen lassen. Die Möhren mit dem Traubenkernöl bestreichen und aufrollen.

3 Für die Sardellenbrote die Roggenbrote in einer Pfanne goldbraun rösten. Die Sardellen waschen, trocken tupfen und mit Meersalz würzen.

4 Das Olivenöl in einer Pfanne erhitzen und die Sardellen darin auf der Hautseite etwa 1 Minute anbraten. Die gerösteten Brote und die Sardellen in Stücke schneiden und jeweils 1 Sardellenstück auf einem Brot anrichten.

5 Das Tatar auf Teller verteilen. In die Mitte des Tartars eine Mulde drücken und jeweils 1 Eigelb hineingeben. Die Sardellenbrote danebenlegen und mit Möhrenröllchen garnieren. Die übrigen Möhrenröllchen danebensetzen. Den Trüffel mit einem Trüffelhobel über das Tatar hobeln.

Tipp

Dieses Gericht schmeckt
auch wunderbar mit Kalb-
fleisch. Und wer keinen Trüffel mag, hobelt stattdessen
einfach etwas Bergkäse über
das Tatar.

Kurz gebratenes Rinderfilet mit Trüffel, Feldsalat und Buchweizen-Vinaigrette

Für 4 Personen

Für die Vinaigrette:
2 EL Olivenöl
2 EL Buchweizen
Meersalz
100 ml trockener Weißwein
200 ml Hühnerbrühe
80 ml Leinöl
4 EL Holunderblüten-Balsamico-bianco
(ersatzweise sehr guter Balsamico bianco)

Für das Rinderfilet:
300 g Rinderfilet
Meersalz
3 EL Rapsöl

Außerdem:
200 g Feldsalat
4 g schwarzer Trüffel

1 Für die Vinaigrette das Olivenöl in einer Pfanne erhitzen und den Buchweizen darin etwa 2 Minuten rösten. Mit Meersalz würzen und den Wein angießen. Die Brühe hinzufügen und den Buchweizen offen etwa 25 Minuten köcheln, bis die Flüssigkeit eingekocht ist.

2 Den Buchweizen in eine Schüssel geben. Das Leinöl mit dem Essig verrühren und mit dem Buchweizen mischen.

3 Den Feldsalat verlesen, waschen, trocken schleudern und auf Teller verteilen. Die Buchweizen-Vinaigrette darüberträufeln.

4 Für das Rinderfilet das Fleisch in Scheiben schneiden und mit Meersalz würzen. Das Öl in einer Pfanne erhitzen und das Rinderfilet darin auf jeder Seite etwa 25 Sekunden kräftig anbraten. Die Filetscheiben auf den Tellern anrichten. Den Trüffel mit einem scharfen Hobel hauchdünn über den Salat hobeln.

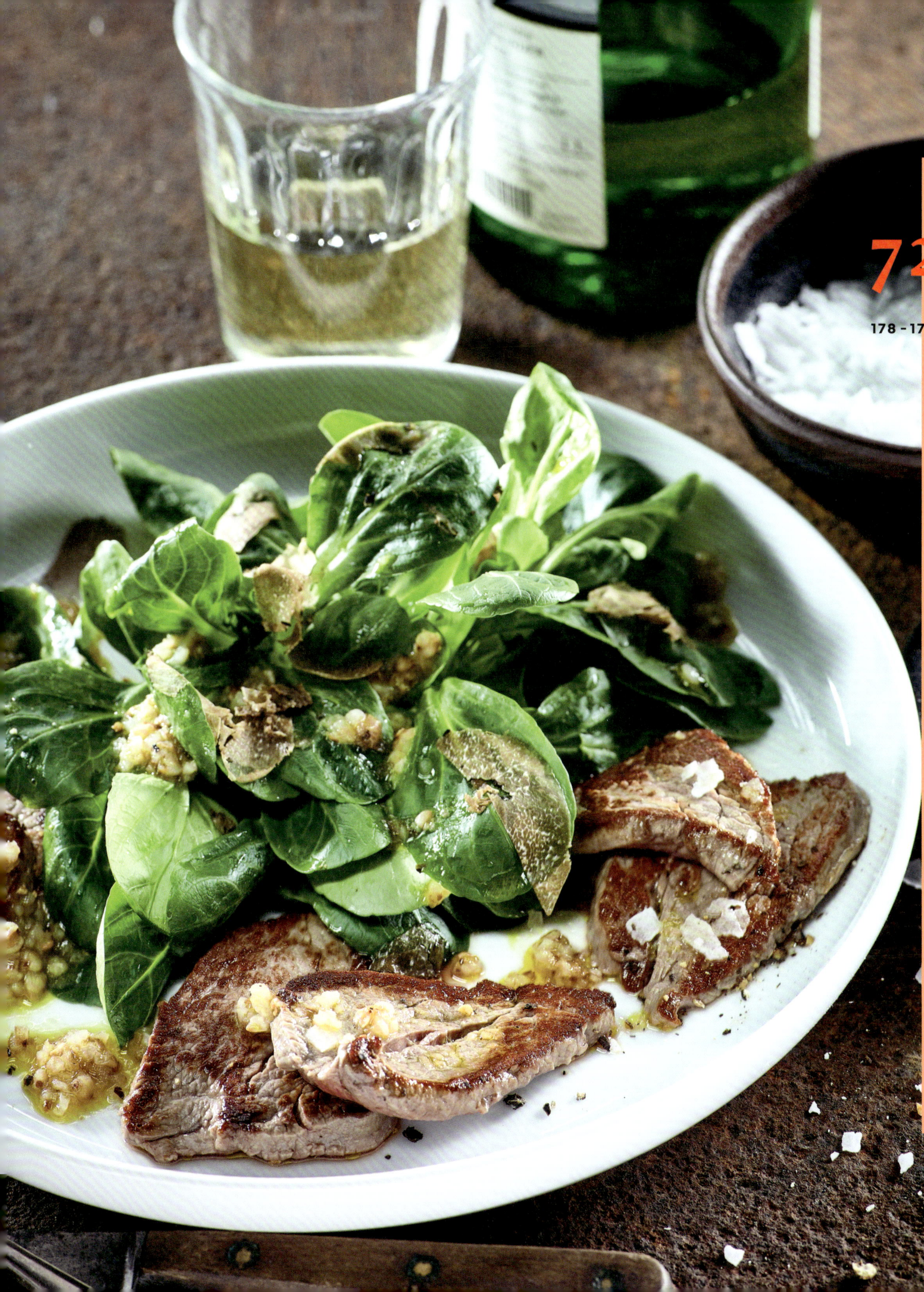

Schweinekotelett mit weißem und rotem Kefir-Chicorée und Estragonöl

Für 4 Personen

Für das Estragonöl:
1 Bund Estragon
50 ml Traubenkernöl

Für den Chicorée:
2 weiße Chicorée
1 roter Chicorée
1 Schalotte
25 g Butter
2 Stiele Estragon
150 g Kefir

Für die Koteletts:
je 1 Zweig Rosmarin und Thymian
1 Knoblauchzehe
4 Schweinekoteletts (à 150 g)
Meersalz
60 ml Rapsöl
50 g Butter

1 Für das Estragonöl den Estragon waschen und trocken schütteln, die Blätter abzupfen und mit dem Traubenkernöl im Küchenmixer oder mit dem Stabmixer pürieren. Die Mischung 2 Stunden ruhen lassen. Dann ein Sieb mit einem Passiertuch auslegen, das Püree hineingeben und das Estragonöl etwa 2 Stunden abtropfen lassen. Das Estragonpüree anderweitig verwenden (siehe Tipp).

2 Für den Chicorée den weißen und roten Chicorée putzen, waschen und trocken schleudern. Die Strünke keilförmig herausschneiden. Vier rote Chicoréeblätter beiseitelegen. Die übrigen Chicorée in etwa 1 cm breite Streifen schneiden. Die Schalotte schälen und in feine Würfel schneiden. Die Butter in einer Pfanne erhitzen und die Schalotte darin andünsten. Den Chicorée etwa 1 Minute mitdünsten. Die Mischung in eine Schüssel geben.

3 Den Estragon waschen und trocken schütteln, die Blätter abzupfen und fein schneiden. Den Estragon mit dem Kefir unter den Chicorée mischen.

4 Für die Koteletts den Backofen auf 50 °C vorheizen. Die Kräuter waschen und trocken tupfen. Den Knoblauch in der Schale andrücken. Die Schweinekoteletts waschen und trocken tupfen.

5 Die Koteletts mit Meersalz würzen. Das Öl in einer großen Pfanne erhitzen und die Koteletts darin auf jeder Seite etwa 1 Minute kräftig anbraten. Dann das Bratfett heraustupfen. Die Butter, die Kräuter und den Knoblauch in die Pfanne geben und die Koteletts etwa 1 Minute lang immer wieder mit der schäumenden Butter übergießen. Die Koteletts aus der Pfanne nehmen und auf dem Ofengitter im Backofen 3 bis 4 Minuten ruhen lassen.

6 Die beiseitegelegten roten Chicoréeblätter mit dem lauwarmen Chicoréegemüse auf die Teller verteilen und das Estragonöl darüberträufeln. Die Knochen von den Schweinekoteletts abschneiden, die Koteletts halbieren und auf dem Gemüse anrichten.

Tipp

Das Estragonpüree ist ideal als Brotaufstrich oder zum Aromatisieren von Suppen und Vinaigrettes. Ich mariniere auch gerne Fisch oder Fleisch mit dem intensiven Püree.

WINTER

Entenbrust mit Kartoffelrösti, Roter Bete und Meerrettichjoghurt

Für 4 Personen

Für die Roten Beten:
½ l Rote-Bete-Saft
10 Korianderkörner
Meersalz
Zucker
12 Mini-Rote-Beten

Für die Entenbrust:
2 Entenbrüste (à ca. 200 g)
100 ml Rapsöl
Meersalz

Für den Rösti:
2 vorwiegend festkochende Kartoffeln
Meersalz
4 EL Olivenöl

Für den Meerrettichjoghurt:
ca. 120 g Naturjoghurt
Meersalz
1 TL frisch geriebener Meerrettich

Außerdem:
Rote-Bete-Pulver zum Bestreuen
(aus dem Bio- oder Gewürzladen)

1 Für die Roten Beten den Rote-Bete-Saft und die Korianderkörner in einen Topf geben, kräftig mit Salz und etwas Zucker würzen. Den Saft aufkochen. Die Roten Beten waschen und in dem Saft 10 bis 15 Minuten weich köcheln lassen. Dann herausnehmen, auskühlen lassen und schälen (dafür am besten Einweghandschuhe tragen, die Knollen färben stark ab).

2 Für die Entenbrust den Backofen auf 50 °C vorheizen. Die Entenbrüste waschen, trocken tupfen und die Haut mit einem scharfen Messer rautenförmig einschneiden.

3 Das Öl in einer Pfanne erhitzen. Die Entenbrüste mit Meersalz würzen und in der Pfanne bei mittlerer Hitze auf der Hautseite etwa 8 Minuten braten, bis das Fett ausgelassen ist. Die Temperatur erhöhen und weiterbraten, bis die Haut knusprig ist. Die Entenbrüste wenden und auf der anderen Seite 2 bis 4 Minuten braten. Die Entenbrüste auf dem Ofengitter im Backofen etwa 3 Minuten ruhen lassen.

4 Für den Rösti die Kartoffeln schälen und waschen, grob raspeln und kräftig mit Meersalz würzen. Das Olivenöl in einer Pfanne erhitzen, die Kartoffelraspel gleichmäßig darin verteilen und etwa 3 Minuten goldbraun braten. Wenden und die andere Seite ebenfalls 3 Minuten goldbraun braten. Den Rösti herausnehmen und auf Küchenpapier abtropfen lassen.

5 Für den Meerrettichjoghurt den Joghurt mit 1 Prise Meersalz und dem Meerrettich verrühren. Den Rösti in 4 Streifen schneiden und auf Teller verteilen. Die Entenbrüste längs halbieren und die Hälften auf die Rösti legen. Den Meerrettichjoghurt danebenträufeln und mit Rote-Bete-Pulver bestreuen. Die Roten Beten daraufsetzen.

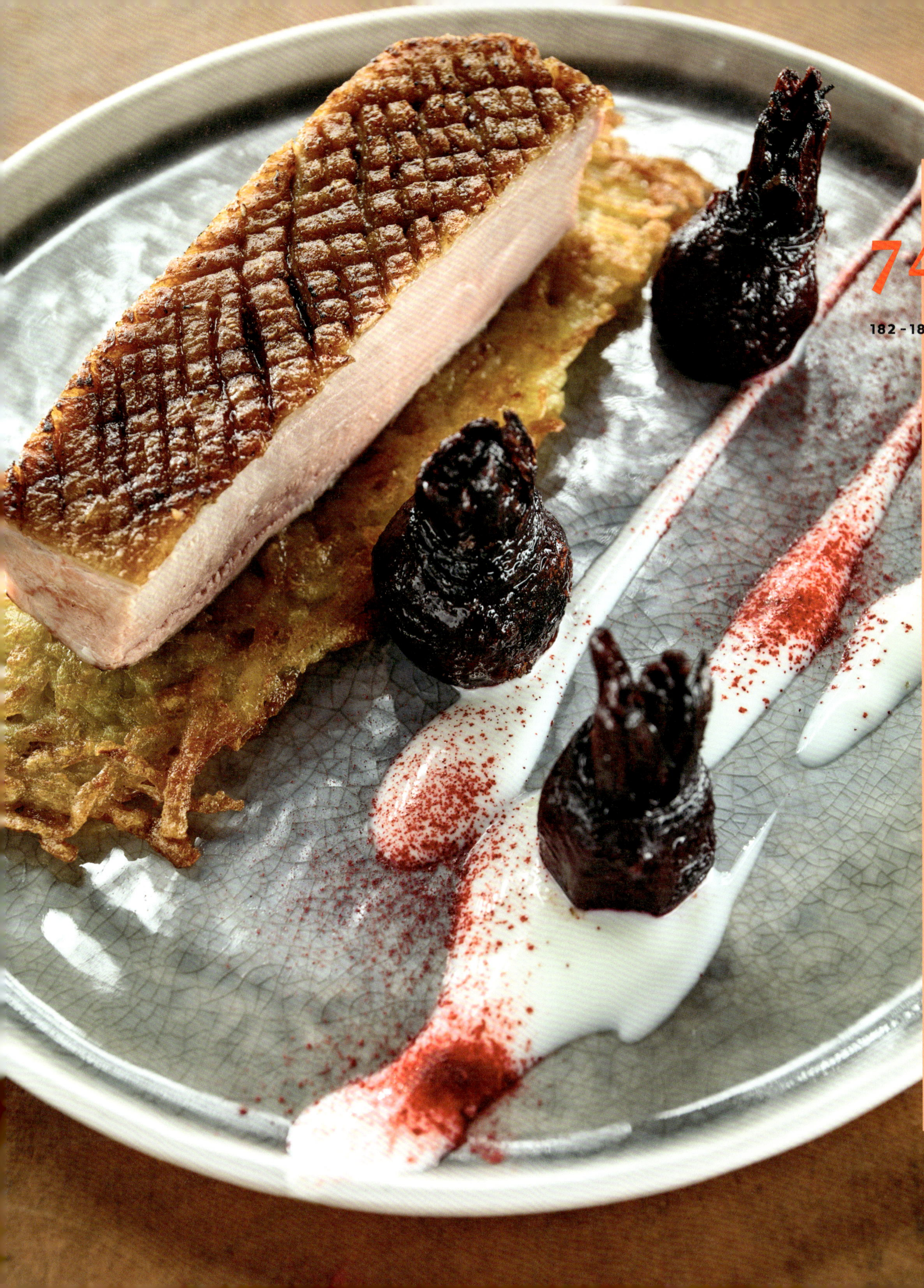

Entenkeule mit Wurzelgemüse und Bratkartoffeln

Für 4 Personen

Für die Bratkartoffeln:
4 kleine, vorwiegend festkochende
Kartoffeln
Meersalz
je 1 Zweig Rosmarin und Thymian
1 Stiel Petersilie
1 Knoblauchzehe
2 EL Olivenöl
25 g Butter

Für die Entenkeulen:
1 Topinambur
1 Kerbelwurzel
1 Möhre
½ Pastinake
50 g Lauch (nur der weiße und
hellgrüne Teil)
1 Zwiebel
2 Knoblauchzehen
4 Entenkeulen (à ca. 175 g)
Meersalz
4 EL Rapsöl
2 EL Tomatenmark
125 ml Portwein
100 ml trockener Rotwein
125 ml Enten- oder Geflügelfond
4 Wacholderbeeren

1 Für die Bratkartoffeln die Kartoffeln waschen und in Salzwasser etwa 15 Minuten bissfest garen. Dann abgießen und etwas ausdampfen lassen. Die Kartoffeln pellen und abkühlen lassen.

2 Für die Entenkeulen Topinambur, Kerbelwurzel, Möhre und Pastinake putzen, schälen und in etwa 2 cm große Stücke schneiden. Den Lauch längs aufschneiden, waschen, trocken schütteln und in 2 bis 3 cm dicke Stücke schneiden. Die Zwiebel schälen und vierteln, dabei den Wurzelansatz nicht entfernen. Den Knoblauch in der Schale andrücken. Die Entenkeulen waschen, trocken tupfen und mit Meersalz würzen.

3 Den Backofen auf 120 °C vorheizen. Das Öl in einem Bräter erhitzen und die Entenkeulen darin rundherum etwa 5 Minuten braten (in der Zeit tritt das Fett aus der Haut aus). Das Wurzelgemüse dazugeben und etwa 5 Minuten mitbraten. Alles mit Meersalz würzen und den Port- und Rotwein angießen. Den Fond hinzufügen, die Keulen mit der Hautseite nach oben auf das Gemüse legen und im Backofen etwa 35 Minuten knusprig braten.

4 Die Keulen herausheben und die Sauce durch ein Sieb in einen Topf gießen. Das Gemüse beiseitestellen und die Sauce sämig einkochen, dabei die angedrückten Wacholderbeeren etwa 10 Minuten mitkochen.

5 Für die Bratkartoffeln die Kräuter waschen und trocken tupfen. Die Petersilienblätter abzupfen und nach Belieben entweder die Blätter oder die Stiele fein hacken. Den Knoblauch in der Schale andrücken. Die Kartoffeln in etwa 3 mm dicke Scheiben schneiden.

6 Das Olivenöl in einer Pfanne erhitzen und die Kartoffeln darin auf beiden Seiten etwa 5 bis 10 Minuten goldbraun braten, Rosmarin, Thymian und Knoblauch mitbraten. Die Kartoffeln mit Meersalz würzen. Die Butter dazugeben, die Kartoffeln darin schwenken und mit der Petersilie bestreuen.

7 Das Wurzelgemüse in der Sauce erhitzen und die Entenkeulen mit der Hautseite nach oben darauflegen und erwärmen. Die Sauce mit dem Gemüse auf Teller verteilen und jeweils 1 Entenkeule sowie Bratkartoffeln dazu anrichten.

Tipp

Der Portwein und das
Wurzelgemüse machen die
Entenkeulen leicht süßlich.
Wer die Sauce pikanter mag,
ersetzt den Portwein einfach
durch trockenen Rotwein.

Öl mahlen wie
die alten Römer

Für mich gibt es nichts Schöneres, als zu den Ursprüngen unserer Ernährung zurück-
zukehren, weg vom industrialisierten Essen, hin zum Handwerklichen, Unverfälsch-
ten, Natürlichen. Und am schönsten ist es für mich, wenn diese Ursprünge genau vor
meiner Haustür liegen – so wie in meiner alten Heimat im Schwarzwald. Früher gab es
bei uns Dutzende von Ölmühlen, weil es hier von Flüssen und Bächen nur so wimmelt
und Mühlen immer Wasserkraft fürs Mahlen brauchten. Die meisten sind längst ver-
schwunden, aber zum Glück nicht die Ölmühle Walz in Oberkirch, ein wahrer Methu-
salem von 1832. Auch bei Walz steht noch ein schönes, hölzernes Mühlrad im Garten.
Und es wird sogar noch genutzt. Denn das alte Handwerk wird eisern hochgehalten, die
Familie mahlt sogar noch mit riesigen Mühlsteinen wie zu Zeiten der alten Römer.

Was in dieser Mühle produziert wird, ist geschmacklich und qualitativ der Oberhammer, alles kaltgepresst und naturbelassen, alles bio, absolut frisch, fantastisch duftend, die besten Öle aus Walnüssen, Haselnüssen, Mandeln, Macadamia, Cashew, Kürbiskernen, Mohn, Aprikosen, Johanniskraut. Das Leinöl zum Beispiel machen sie jeden Tag frisch oder maximal jeden zweiten Tag, sodass sie ganz ohne Konservierungsstoffe und den ganzen künstlichen Dreck auskommen. Das ist mir genauso sympathisch, wie es die Familie Walz ist, unkomplizierte Leute mit einem riesengroßen Herzen, typische Badener eben, bei denen ich immer an den berühmtesten Badenser-Spruch denken muss: „Es gibt Badische und Unsymbadische." So ist es!

R

88–189

Bio-Sesamöl
9,60 € / Lite

Rehfilet mit Spitzkrautsalat und klarer Pilzsuppe

Für 4 Personen

Für die Suppe:
300 g Waldpilze
Meersalz
2 Petersilienwurzeln
1 Stange Lauch
100 g Champignons
200 ml Madeira (port. Likörwein)
200 ml Portwein
1 Spritzer Whisky balsamico (ersatzweise
Aceto balsamico)

Für den Spitzkrautsalat:
150 g Spitzkraut (ohne Strunk)
Meersalz
Zucker
4 Petersilienblätter
2 EL Whisky balsamico (ersatzweise
Aceto balsamico)
4 EL Traubenkernöl
¼ Boskop-Apfel

Für das Rehfilet:
je 1 Zweig Rosmarin und Thymian
1 Knoblauchzehe
4 Rehfilets (à 80–100 g)
Meersalz
3 EL Rapsöl
30 g Butter

Außerdem:
Pfeffer aus der Mühle

1 Drei Tage vorher für die Suppe die Waldpilze putzen und mit einem Tuch trocken abreiben. Die Pilze mit 3 g Meersalz in einer Schüssel mischen und in ein großes Glas schichten. Das Glas mit Folie abdecken und die Pilze an einem warmen Ort (idealerweise etwa 38 °C) 3 Tage marinieren.

2 Am Zubereitungstag die Petersilienwurzeln putzen, schälen und in kleine Stücke schneiden. Den Lauch längs halbieren, waschen und in Scheiben schneiden. Die Champignons putzen, mit einem Tuch trocken abreiben und halbieren oder vierteln.

3 Den Madeira, den Portwein, das Gemüse, die Champignons, die Waldpilze samt Flüssigkeit und etwas Meersalz in einem Topf aufkochen. Alles etwa 30 Minuten köcheln lassen. Ein Sieb mit einem Passiertuch auslegen und die Suppe abgießen. Die Pilzsuppe mit Whisky-Essig sowie Meersalz abschmecken und warm halten.

4 Für den Spitzkrautsalat das Spitzkraut fein hobeln und in einer Schüssel mit je 1 Prise Meersalz und Zucker mischen. Etwa 15 Minuten marinieren, dann die Flüssigkeit abgießen. Die Petersilienblätter fein hacken und mit dem Whisky-Essig und dem Traubenkernöl unter das Spitzkraut mischen.

5 Für das Rehfilet den Backofen auf 50 °C vorheizen. Die Kräuter waschen und trocken tupfen. Den Knoblauch in der Schale andrücken. Die Rehfilets mit Meersalz würzen.

6 Das Öl in einer Pfanne erhitzen und das Rehfilet darin rundherum etwa 20 Sekunden kräftig anbraten. Das Öl aus der Pfanne tupfen. Die Butter, die Kräuter und den Knoblauch hinzufügen und die Filets etwa 20 Sekunden immer wieder mit der schäumenden Butter übergießen. Die Filets aus der Pfanne nehmen und im Backofen auf dem Ofengitter etwa 2 Minuten ruhen lassen.

7 Das Kerngehäuse vom Apfel abschneiden und den Apfel auf den Spitzkrautsalat raspeln. Die Rehfilets in Stücke schneiden, mit dem Spitzkrautsalat auf Teller verteilen und etwas Pfeffer darübermahlen. Die Pilzsuppe dazu servieren.

Rehrücken mit Wirsing, Möhren und Peterle-Brotkrusteln

Für 4 Personen

Für die Brotkrusteln:
½ Bund Petersilie
200 ml Traubenkernöl
4 dicke Scheiben Weißbrot
1 Knoblauchzehe
40 g Butter
Meersalz

Für den Rehrücken:
600 g Rehrücken
Meersalz
3 EL Rapsöl
je 1 Zweig Rosmarin und Thymian
2 Knoblauchzehen
40 g Butter

Für den Wirsing:
6–8 Wirsingblätter
Meersalz
50 g Butter

Für die Möhren:
2 Schalotten (ca. 120 g)
400 g junge Möhren
3 EL Olivenöl
Meersalz
50 ml trockener Weißwein

1 Für die Brotkrusteln die Petersilie waschen und trocken schütteln, die Blätter abzupfen und mit dem Öl im Küchenmixer oder mit dem Stabmixer fein pürieren. Die Mischung 2 Stunden ruhen lassen. Ein Sieb mit einem Passiertuch auslegen, die Petersilienmischung hineingeben und etwa 2 Stunden abtropfen lassen. Das Petersilienöl in ein Glas abfüllen, verschließen und für Salate oder Garnierungen verwenden. Das Petersilienpüree beiseitestellen.

2 Für den Rehrücken den Backofen auf 80 °C vorheizen. Den Rehrücken mit Meersalz würzen. Das Öl in einer Pfanne erhitzen und den Rehrücken darin rundherum kräftig anbraten. Dann auf dem Ofengitter auf der mittleren Schiene garen, bis die Kerntemperatur 52 °C beträgt (mit einem Fleischthermometer prüfen).

3 Für den Wirsing die Wirsingblätter waschen und trocken tupfen. Mit drei verschieden großen Ausstechern Kreise aus dem Wirsing ausstechen. Die Wirsingkreise in kochendem Salzwasser etwa 40 Sekunden blanchieren, in ein Sieb abgießen und mit kaltem Wasser abschrecken.

4 Für die Möhren die Schalotten schälen und in feine Würfel schneiden. Die Möhren putzen, schälen und in etwa 3 mm dicke Scheiben schneiden. Das Olivenöl erhitzen und die Schalotten darin andünsten, die Möhren dazugeben, mit Meersalz würzen und mitdünsten. Mit dem Wein ablöschen und die Möhren etwa 5 Minuten garen.

5 Für die Brotkrusteln das Brot in Stücke brechen. Den Knoblauch in der Schale andrücken. Die Butter in einer Pfanne erhitzen, den Knoblauch dazugeben und das Brot darin goldbraun rösten. Das Petersilienpüree untermischen, mit Meersalz würzen und die Brotwürfel kurz durchschwenken.

6 Den Rehrücken aus dem Ofen nehmen und etwa 5 Minuten ruhen lassen. Die Kräuter waschen und trocken tupfen. Den Knoblauch in der Schale andrücken. Die Butter in einer Pfanne erhitzen, Kräuter und Knoblauch dazugeben und den Rehrücken darin rundherum nachbraten.

7 Die Butter in einer Pfanne erhitzen und die Wirsingblätter darin etwa 1 Minute erhitzen. Die Wirsingblätter auf Tellern auslegen. Den Rehrücken in Stücke schneiden, jeweils längs halbieren und auf dem Wirsing anrichten. Die Möhren und die Brotkrusteln darauf verteilen.

Wildhasenrücken mit Rote-Bete-Kartoffel-Gemüse und marinierter Gelber Bete

Für 4 Personen

Für das Gemüse:
2 vorwiegend festkochende Kartoffeln
1 Schalotte
1 Rote Bete
2 Scheiben Bauchspeck
25 g Butter
100 ml Hühnerbrühe

Für den Knusperspeck:
8 Scheiben Bauchspeck
2 EL Rapsöl

Für die marinierte Gelbe Bete:
1 Gelbe Bete
Meersalz
Zucker

Für die Vinaigrette:
1 Stiel Petersilie
1 EL Rotweinessig (vorzugsweise aus dem Eichenfass)
Meersalz
1 EL Mandelöl

Für den Wildhasenrücken:
je 1 Zweig Rosmarin und Thymian
500 g Wildhasenrücken
Meersalz
3 EL Rapsöl
20 g Butter

1 Für das Gemüse die Kartoffeln schälen, waschen und in 1 cm große Würfel schneiden. Die Schalotte schälen und in feine Würfel schneiden. Die Rote Bete putzen, schälen und ebenfalls in feine Würfel schneiden (dabei am besten Einweghandschuhe tragen, die Roten Beten färben stark ab). Den Speck in feine Würfel schneiden.

2 Die Butter in einer Pfanne erhitzen und die Schalotte mit Speck und Roter Bete darin etwa 1 Minute andünsten. Die Kartoffeln dazugeben, kurz mitdünsten und die Brühe hinzufügen. Das Gemüse zugedeckt bei schwacher Hitze etwa 10 Minuten garen.

3 Für den Knusperspeck die Speckscheiben nebeneinander in eine große Pfanne legen und das Öl darüberträufeln. Einen Bogen Backpapier darauflegen und mit einem großen Topf beschweren. Den Speck bei mittlerer Hitze etwa 10 Minuten knusprig braten.

4 Für die marinierte Bete die Gelbe Bete putzen, schälen, in feine Scheiben hobeln und mit je 1 Prise Meersalz und Zucker mischen.

5 Für die Vinaigrette die Petersilie waschen und trocken tupfen, die Blätter abzupfen (anderweitig verwenden) und den Stiel fein schneiden. Den Essig mit etwas Meersalz verrühren und das Mandelöl unterschlagen. Den Petersilienstiel unterrühren.

6 Für den Wildhasenrücken die Kräuter waschen und trocken tupfen. Den Wildhasenrücken waschen, trocken tupfen und in 1 cm dicke Scheiben schneiden und mit Meersalz würzen.

7 Das Öl in einer Pfanne erhitzen und das Fleisch darin bei starker Hitze auf jeder Seite etwa 30 Sekunden anbraten. Herausnehmen und das Bratfett aus der Pfanne tupfen. Die Butter in der Pfanne erhitzen, die Kräuter hinzufügen und die Fleischscheiben darin auf jeder Seite weitere 30 Sekunden braten.

8 Das Rote-Bete-Kartoffel-Gemüse auf Teller verteilen und die Vinaigrette danebenträufeln. Die Wildhasenscheiben mit dem Knusperspeck auf dem Gemüse anrichten. Die Gelbe-Bete-Scheiben zu Röschen gerollt dazwischenstecken.

Tipp

Wer kein Wildfan ist, kann dieses Gericht natürlich auch mit einem anderen Schmorstück zubereiten, zum Beispiel mit Rinderschulter, Kalbshaxe oder Entenkeule.

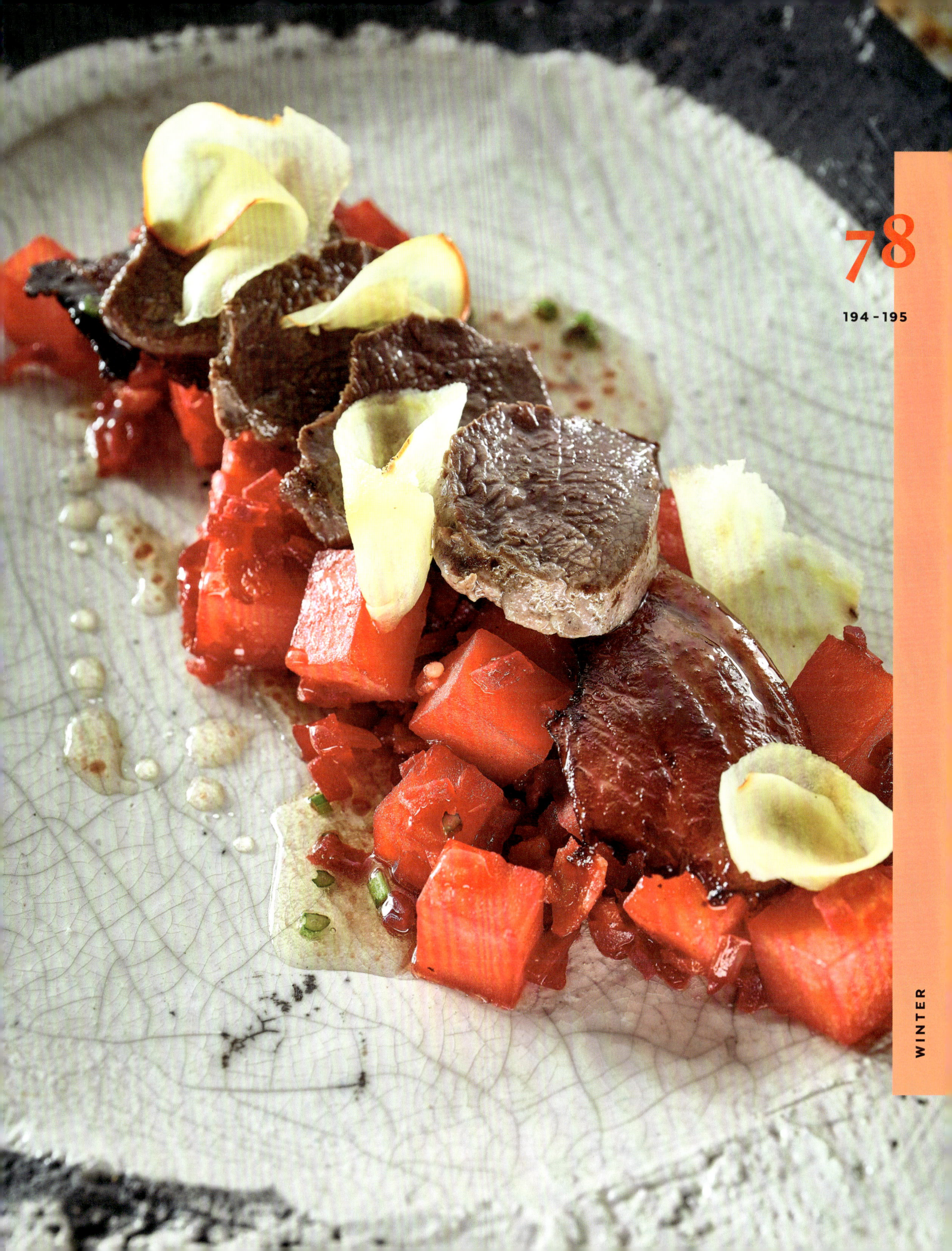

78

194 - 195

Wildhasenschulter mit Rosenkohl, Pastinakencreme und Rote-Bete-Nudeln

Für 4 Personen

Für die Wildhasenschulter:
1 kg Wildhasenschultern (ohne Knochen;
siehe Tipp S. 194)
Meersalz
2 Möhren
50 g Knollensellerie
2 Gemüsezwiebeln
1 Stange Staudensellerie
½ Stange Lauch
½ Knoblauchknolle
70 ml Rapsöl
ca. 2 l Wildfond
4 EL Tomatenmark
3 Wacholderbeeren (angedrückt)
ca. 1 l trockener Rotwein

Für die Nudeln:
300 g Nudelmehl (z.B. Semola di
grano duro, Wiener Grießler)
2 EL Rote-Bete-Pulver (aus dem
Bio- oder Gewürzladen)
3 Eier
1 TL Apfelessig
1 EL Traubenkernöl
Meersalz

Für die Pastinakencreme:
3 EL Olivenöl
50 g Schalotten (in feinen Würfeln)
200 g Pastinaken (in feinen Würfeln)
Meersalz
100 ml trockener Weißwein
evtl. Sahne oder Hühnerbrühe
1 EL Haselnussöl

Für den Rosenkohl:
ca. 200 g Rosenkohl
30 g Butter
2 Schalotten (in feinen Würfeln)
Meersalz

1 Für die Wildhasenschulter das Fleisch in 2 bis 3 cm große Würfel schneiden. Mit Salz würzen. Die Möhren, den Knollensellerie und die Zwiebeln schälen und in etwa 5 mm kleine Würfel schneiden. Den Staudensellerie putzen, waschen und ebenfalls in etwa 5 mm große Würfel schneiden. Den Lauch längs halbieren, waschen und in Scheiben schneiden. Die Knoblauchzehen ablösen und schälen.

2 In einer Pfanne 4 EL Öl erhitzen und das Fleisch darin anbraten. Mit etwas Fond ablöschen, aufkochen, sodass sich der Bratensatz löst, und alles in einen Topf geben. Das Gemüse in der Pfanne mit 2 EL Öl kräftig anbraten. Das Tomatenmark in einem Topf im restlichen Öl anrösten. Gemüse, Tomatenmark und die Wacholderbeeren zum Fleisch geben. Den Wein und so viel Fond dazugießen, dass alles knapp mit Flüssigkeit bedeckt ist. Das Fleisch zugedeckt 2 bis 3 Stunden weich schmoren, dabei noch etwas Fond und Wein angießen, sodass es immer mit Flüssigkeit bedeckt ist. Das Fleisch ist gar, wenn man eine Gabel einstechen und wieder herausziehen kann.

3 Für die Nudeln das Mehl mit dem Rote-Bete-Pulver mischen. Eier, Essig, Öl und 1 Prise Meersalz dazugeben und mit dem Mehl zu einem glatten Teig verkneten. Den Teig in Frischhaltefolie wickeln und bei Zimmertemperatur etwa 2 Stunden ruhen lassen.

4 Für die Pastinakencreme das Olivenöl in einer Pfanne erhitzen und die Schalotten darin andünsten. Die Pastinaken dazugeben und mitdünsten. Mit Salz würzen. Den Wein angießen und etwas einköcheln lassen. Alles zugedeckt bei schwacher Hitze etwa 20 Minuten weich köcheln. Die Mischung mit dem Stabmixer pürieren, durch ein feines Sieb streichen. Falls die Creme zu fest ist, etwas Sahne oder Brühe unterrühren. Das Haselnussöl untermischen.

5 Fleisch und Gemüse in ein Sieb gießen, das Gemüse passieren. Den Fond in einem Topf auffangen und sämig einköcheln lassen. Das Fleisch wieder dazugeben, die Wacholderbeeren entfernen.

6 Den Nudelteig mit der Nudelmaschine etwa 1 mm dünn ausrollen und in 8 x 10 cm große Rechtecke schneiden. Die Nudelplatten in kochendem Salzwasser 10 bis 30 Sekunden bissfest garen.

7 Den Rosenkohl putzen, waschen und die Blätter abzupfen. Die Butter in einer Pfanne erhitzen und die Rosenkohlblätter mit den Schalotten darin etwa 3 Minuten andünsten. Mit Meersalz würzen.

8 Nudeln und Fleisch auf Teller verteilen, die Rosenkohlblätter dazwischenlegen. Die Pastinakencreme in einen Spritzbeutel mit Lochtülle füllen und in ein paar Rosenkohlblätter spritzen. Die Sauce auf dem Fleisch verteilen. Nach Belieben mit Senfkresse garnieren.

Bunny-Burger mit mariniertem Rotkraut, Feldsalat und Quitte

Für 4 Personen

Für die Quitte:
2 EL Zucker
¼ l trockener Weißwein
½ Zimtstange
3 Kardamomkapseln
½ Quitte

Für das Rotkraut:
50 g Rotkohl (ohne Strunk)
Zucker
Meersalz
1 TL Sherryessig (vorzugsweise aus dem Holzfass)

Außerdem:
1 Handvoll Feldsalat
200 g geschmorte Wildhasenschulter (siehe S. 197)
4 Vollkornbrötchen
250 g Doppelrahmfrischkäse

1 Für die Quitte den Zucker gleichmäßig in einen Topf streuen und bei mittlerer Hitze goldbraun karamellisieren. Den Wein angießen, die Zimt und die angedrückten Karadomkapseln hinzufügen und die Flüssigkeit auf die Hälfte einköcheln lassen.

2 Die Quitte schälen, halbieren, das Kerngehäuse entfernen und das Fruchtfleisch in 3 bis 4 mm dicke Scheiben schneiden. Die Quittenscheiben in der Karamell-Wein-Mischung etwa 1 Minute köcheln lassen. Herausheben, abtropfen und abkühlen lassen.

3 Für das Rotkraut den Rotkohl fein hobeln, in einer Schüssel mit je 1 Prise Meersalz und Zucker mischen und etwa 10 Minuten ziehen lassen. Dann den Essig unterrühren.

4 Den Feldsalat verlesen, waschen und trocken schütteln. Die Wildhasenschulter lauwarm erhitzen. Die Brötchen längs halbieren, etwas Frischkäse und die Wildhasenschulter auf den unteren Hälften verteilen. Den Feldsalat, die Quittenscheiben, den restlichen Frischkäse und das Rotkraut daraufgeben. Mit den oberen Brötchenhälften bedecken, die Burger jeweils quer halbieren und auf Tellern servieren.

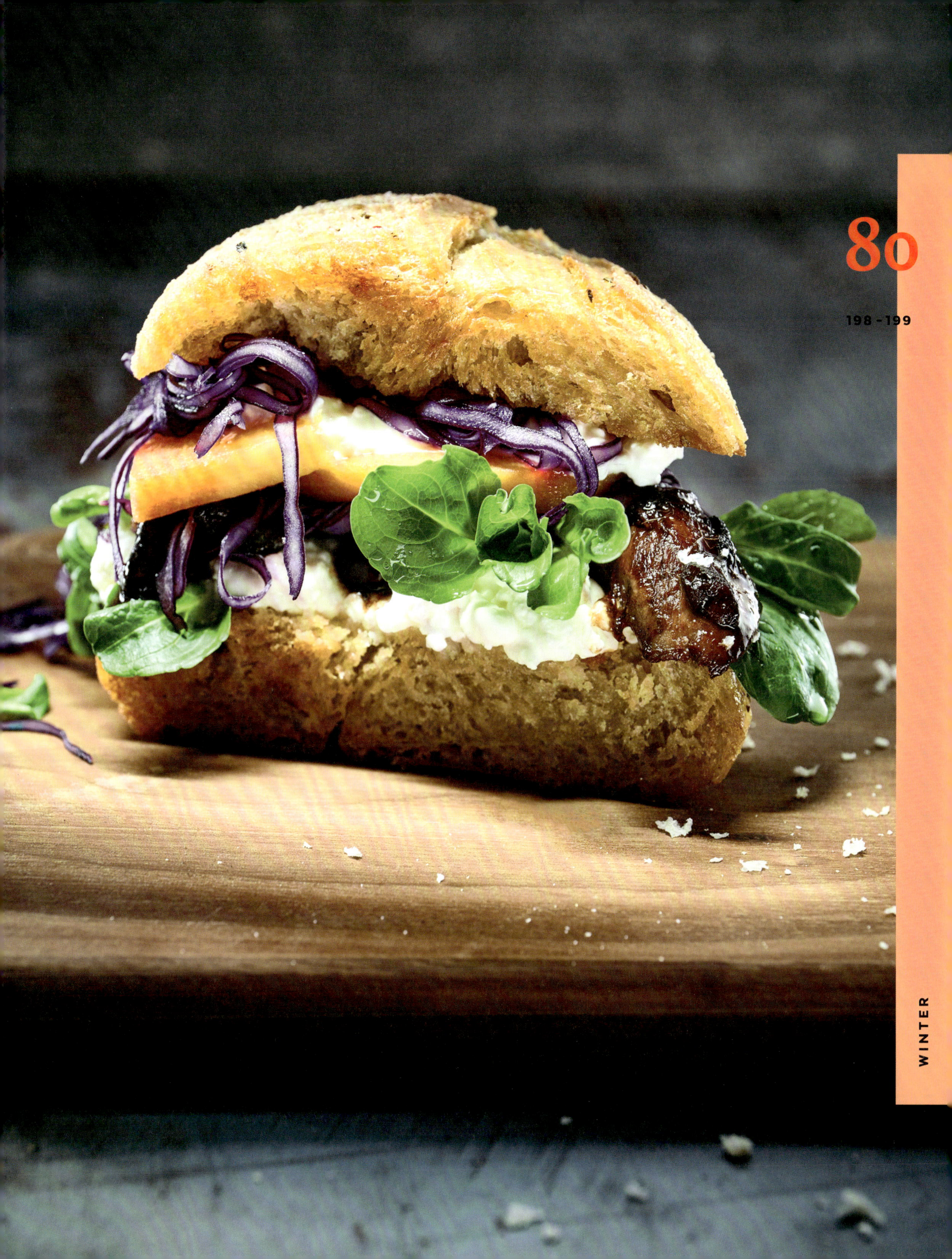

Wildhasenfilet mit Sous-vide-Blaukraut, Pastinaken, Birne und Kerbelöl

Für 4 Personen

Für das Blaukraut:
⅛ Blaukraut (mit Strunk)
Meersalz, 50 ml Orangensaft

Für das Kerbelöl:
½ Bund Kerbel
200 ml Traubenkernöl
2 EL Buttermilch

Für die Pastinaken:
4 Pastinaken, Meersalz
Pfeffer aus der Mühle, 30 g Butter

Für das Wildhasenfilet:
4 Wildhasenfilets (ca. 350 g;
siehe Tipp S. 194)
Meersalz, 2 EL Rapsöl
je 1 Zweig Rosmarin und Thymian
30 g Butter

Für die Birne:
1 Birne, 30 g Butter
Meersalz, Zucker

I Das Blaukraut waschen, trocken schütteln und zwischen den einzelnen Blättern mit etwas Meersalz würzen. Mit dem Orangensaft in einem Kunststoffbeutel mit einem Vakuumiergerät luftdicht verschließen und im Wasserbad bei 80 °C (mit einem Küchenthermometer prüfen) 4 Stunden garen.

2 Für das Kerbelöl den Kerbel waschen, trocken schütteln und grob schneiden. Den Kerbel mit dem Traubenkernöl im Küchenmixer oder mit dem Stabmixer pürieren. Das Püree etwa 2 Stunden ruhen lassen. Ein Sieb mit einem Passiertuch auslegen, das Püree hineingeben und das abtropfende Kerbelöl auffangen. Die Paste in ein Glas füllen und nach Belieben als Brotaufstrich, Pesto oder für eine Vinaigrette verwenden.

3 Für die Pastinaken den Backofen auf 160 °C Umluft vorheizen. Die Pastinaken putzen, schälen und längs in etwa 1 cm dicke Streifen schneiden. Die Streifen mit Meersalz und Pfeffer bestreuen, aufeinanderlegen und in Alufolie wickeln. Die Pastinaken im Backofen auf der mittleren Schiene etwa 12 Minuten garen. Die Butter in einer Pfanne erhitzen, die Pastinaken aus der Folie nehmen und in der Pfanne auf beiden Seiten etwa 1 Minute braten.

4 Für das Wildhasenfilet das Fleisch waschen, trocken tupfen und mit Meersalz würzen. Das Öl in einer Pfanne erhitzen und die Hasenfilets darin auf jeder Seite etwa 40 Sekunden anbraten. Die Kräuter waschen und trocken tupfen. Das Öl aus der Pfanne gießen oder tupfen und die Butter mit den Kräutern hinzufügen. Die Filets etwa 1 Minute in der schäumenden Butter wenden.

5 Die Birne waschen und kleine Kugeln ausstechen. Die Butter in einer Pfanne erhitzen und die Birnenkugeln darin etwa 1 Minute andünsten. Mit je 1 Prise Meersalz und Zucker würzen.

6 Das Blaukraut aus der Folie nehmen und in Würfel schneiden. Die Wildhasenfilets schräg in 3 bis 4 cm dicke Scheiben schneiden und nebeneinander auf Teller verteilen. Die Pastinaken und das Blaukraut dazwischen anordnen und das Kerbelöl danebenträufeln. Die Buttermilch auf das Kerbelöl träufeln.

Thymian-Crème-brulée mit Rotwein-Quitte und Chili-Quarkeis

Zutaten für 4 Personen

Für die Crème brûlée:
8 Eigelb
60 g Zucker
35 g Waldhonig
1 Zweig Thymian
125 ml Milch
375 g Crème fraîche

Für die Rotwein-Quitte:
2 Quitten
50 g Zucker
2 g Speisestärke
100 ml trockener Rotwein
50 ml roter Süßwein
1 EL Honig

Für das Chili-Quarkeis:
1 Blatt Gelatine
1 Chilischote
375 g Speisequark (20 % Fett)
150 g Puderzucker
abgeriebene Schale von 1 Bio-Zitrone

1 Für die Crème brulée den Backofen auf 95 °C Umluft vorheizen. Die Eigelbe mit 35 g Zucker und dem Honig in einer Schüssel cremig rühren. Den Thymian waschen und trocken tupfen. Die Milch mit dem Thymian in einem Topf aufkochen, die Crème fraîche unterrühren und erneut aufkochen. Den Thymian entfernen und die Milchmischung unter die Eier-Zucker-Masse rühren. Die Mischung in vier ofenfeste Portionsförmchen verteilen und im Backofen auf der mittleren Schiene etwa 2 Stunden stocken lassen. Dann herausnehmen und abkühlen lassen.

2 Für die Rotwein-Quitte die Quitten vierteln, schälen, die Kerngehäuse entfernen und die Viertel in 5 mm große Würfel schneiden. Den Zucker in einem Topf goldbraun karamellisieren. Die Speisestärke mit ein wenig Rotwein glatt rühren. Den restlichen Rotwein und den Süßwein zum Karamell geben und köcheln lassen, bis sich der Karamell aufgelöst hat. Die Speisestärke einrühren und die Flüssigkeit etwa 4 Minuten köcheln lassen. Die Quittenwürfel dazugeben, etwa 1 Minute mitköcheln lassen und den Honig unterrühren. Die Rotwein-Quitten in eine Schüssel füllen und kühl stellen.

3 Für das Chili-Quarkeis die Gelatine in kaltem Wasser einweichen. Die Chilischote längs halbieren, entkernen, waschen und in feine Würfel schneiden. Den Quark mit Puderzucker, Zitronenschale und Chili verrühren. Die Gelatine tropfnass in einem kleinen Topf unter Rühren erwärmen, bis sie sich aufgelöst hat. Den Quark mit der Gelatine verrühren und in den Kühlbehälter der Eismaschine geben. Die Masse nach Herstellerangabe 20 bis 40 Minuten zu einem cremigen Eis rühren.

4 Die Crèmes brulées gleichmäßig mit dem restlichen Zucker bestreuen und mit dem Flambierbrenner goldbraun abflämmen. Die Rotwein-Quitten auf die Crème brulée verteilen und das Quarkeis in Nocken darauf anrichten.

Tipp
Je nach Größe der Förmchen verändert sich die Garzeit im Backofen: Je flacher die Förmchen sind, desto schneller stockt die Crème brulée.

Beschwipste Rotweinbirne mit Sabayon und Karamelleis

Für 4 Personen

Für die Rotweinbirne:
4 Birnen
100 g Zucker
½ l trockener Rotwein
Meersalz

Für das Eis:
200 g Sahne
300 ml Milch
250 g Zucker
8 Eigelb

Für die Sabayon:
2 Eier
30 g Zucker
50 ml trockener Weißwein

1 Am Vortag für die Rotweinbirne die Birnen schälen und die Enden mit dem Blütenansatz gerade abschneiden (damit man die Birnen später auf die Teller stellen kann). Den Zucker gleichmäßig in einen großen Topf streuen und bei mittlerer Hitze goldgelb karamellisieren. Den Wein angießen, 1 Prise Meersalz hinzufügen und die Flüssigkeit auf etwa ein Fünftel einköcheln lassen. Die Birnen in den Fond legen und etwa 10 Minuten köcheln lassen.

2 Die Birnen mit dem Fond in ein großes Einmachglas geben, verschließen und im Kühlschrank mindestens 12 Stunden ziehen lassen.

3 Am nächsten Tag für das Eis die Sahne mit der Milch in einem Topf aufkochen. Den Zucker gleichmäßig in einen weiteren Topf streuen und bei mittlerer Hitze goldgelb karamellisieren. Die Sahnemilch zum Karamell geben und köcheln, bis sich der Karamell gelöst hat.

4 Die Eigelbe in einer Schüssel verrühren und auf ein heißes Wasserbad setzen. Die kochende Sahne-Karamell-Mischung nach und nach dazugeben und so lange weiterrühren, bis die Mischung 80 bis 82 °C heiß ist. Die Mischung durch ein feines Sieb gießen und in der Eismaschine nach Herstellerangabe gefrieren lassen.

5 Für die Sabayon die Eier mit dem Zucker und dem Wein in einer Schüssel über dem heißen Wasserbad schaumig schlagen. Die Sabayon auf Teller verteilen und jeweils 1 Rotweinbirne danebensetzen. Etwas Karamelleis mit einem Löffel abschaben und auf die Sabayon setzen.

Tipp

Wenn es schnell gehen soll, können Sie auf das Marinieren der Birnen verzichten und sie gleich nach dem Garköcheln verwenden. Sie haben dann allerdings nicht so eine kräftig rote Farbe.

Birnenstrudel mit Rosmarinsauce und beschwipster Sahne

Für 4 Personen

Für den Strudelteig:
150 g Mehl
1 Ei
2 EL Traubenkernöl
1 TL Weißweinessig
1 Prise Meersalz

Für die Rosmarinsauce:
2 Zweige Rosmarin
¼ l Milch
250 g Sahne
5 Eigelb
120 g Zucker

Für die Füllung:
40 g Haselnusskerne
150 g Speisequark (20 % Fett)
50 g saure Sahne
1 Ei
40 g Zucker
½ TL Speisestärke
2–3 Birnen (ca. 300 g)

Für die beschwipste Sahne:
100 g Sahne
1 TL Puderzucker
2 cl Rum

Außerdem:
Öl zum Bestreichen
100 g flüssige Butter
Mehl zum Arbeiten

1 Für den Strudelteig das Mehl mit 75 ml Wasser und den übrigen Zutaten mit der Küchenmaschine oder den Knethaken des Handrührgeräts etwa 10 Minuten zu einem glatten Teig verkneten. Den Teig zu einer Kugel formen, mit Öl bestreichen und zugedeckt etwa 1 Stunde ruhen lassen.

2 Für die Rosmarinsauce den Rosmarin waschen und trocken tupfen. Die Milch und die Sahne mit dem Rosmarin in einem Topf aufkochen. Die Eigelbe und den Zucker in einer Schüssel verrühren. Den Rosmarinzweig entfernen und die Sahnemilch unter die Eigelbmischung rühren. Die Mischung über dem heißen Wasserbad unter ständigem Rühren auf 80 °C erhitzen (mit einem Küchenthermometer prüfen) und durch ein feines Sieb streichen. Die Sauce abkühlen lassen.

3 Für die Füllung die Haselnüsse in einer Pfanne rösten, bis sie duften. Die Nüsse herausnehmen, in einem Küchentuch die Schalen abreiben und die Nüsse grob hacken. Den Quark mit saurer Sahne, Ei, Zucker und Speisestärke verrühren und die Haselnüsse untermischen. Die Birnen vierteln, schälen, die Kerngehäuse entfernen und die Viertel quer in dünne Scheiben schneiden. Nach Belieben mit etwas Zucker bestreuen.

4 Den Backofen auf 175 °C Umluft vorheizen. Ein Küchentuch mit Mehl bestäuben und den Teig darauf zu einem Rechteck von etwa 30 x 40 cm ausrollen. Dann den Teig über den Handrücken auf 60 x 50 cm ausziehen und mit etwas flüssiger Butter bestreichen. Die Quarkmasse auf den Teig streichen, dabei rundherum einen etwa 3 cm breiten Rand frei lassen. Die Birnen darauf verteilen und den Rand an den Längsseiten einschlagen. Den Teig mithilfe des Küchentuchs von einer Längsseite aus aufrollen und auf ein mit Backpapier belegtes Backblech legen.

5 Den Strudel im Backofen auf der mittleren Schiene etwa 40 Minuten goldbraun backen, dabei nach etwa 20 Minuten mit der restlichen Butter bestreichen. Den Strudel aus dem Ofen nehmen und auf einem Kuchengitter lauwarm abkühlen lassen.

6 Für die beschwipste Sahne die Sahne mit dem Puderzucker cremig schlagen und den Rum untermischen. Den Strudel in etwa 5 cm dicke Scheiben schneiden und mit der Rosmarinsauce und der beschwipsten Sahne servieren.

Schokoladen-Haselnusskuchen mit weißer Schokomousse und Nougat-Schokoeis

Für 4 Gläser

Für die Schokomousse:
100 g Sahne
100 g weiße Kuvertüre

Für das Eis:
¼ l Milch
250 g Sahne
6 Eigelb
50 g Zucker
140 g Nougatmasse
100 g Zartbitterkuvertüre
(ca. 64 % Kakaoanteil)
2 cl Kaffeelikör

Für den Kuchen:
150 g weiche Butter
150 g Zucker
Meersalz
3 Eier (zimmerwarm)
150 g gemahlene Haselnüsse
40 g Mehl
1 TL Backpulver
40 g Kakaopulver
30 ml Whisky (Single Malt;
z. B. Slyrs von Lantenhammer)

Außerdem:
Butter und Mehl für die Gläser
Puderzucker zum Bestäuben

1 Für die Schokomousse die Sahne in einem Topf erhitzen. Die Kuvertüre klein hacken, in eine Schüssel geben und mit der heißen Sahne verrühren, bis alles geschmolzen ist. Die Mischung abkühlen lassen und etwa 4 Stunden im Kühlschrank auskühlen lassen.

2 Für das Eis die Milch mit der Sahne in einem Topf aufkochen. Die Eigelbe mit dem Zucker in einer Schüssel über dem heißen Wasserbad verrühren. Die kochende Sahnemilch nach und nach dazugeben und so lange rühren, bis die Mischung 80 bis 82 °C heiß ist. Die Mischung durch ein feines Sieb gießen.

3 Die Nougatmasse und die Kuvertüre in kleine Stücke schneiden oder hacken und in einer Schüssel mit der heißen Sahne-Eier-Mischung verrühren, bis alles geschmolzen ist. Den Kaffeelikör unterrühren. Die Masse in den Kühlbehälter der Eismaschine geben und nach Herstellerangabe 20 bis 40 Minuten zu einem cremigen Eis gefrieren lassen.

4 Für den Kuchen den Backofen auf 160 °C Umluft vorheizen. In einer Schüssel die Butter mit dem Zucker und 1 Prise Meersalz cremig rühren. Die Eier nacheinander unterrühren. Die Haselnüsse untermischen. Das Mehl mit Backpulver und Kakaopulver mischen und zügig mit dem Whisky unter die Nussmasse rühren.

5 Vier Weckgläser (à ca. 150 ml Inhalt) mit Butter fetten und mit Mehl bestäuben. Den Teig einfüllen (den Deckel offen lassen) und im Backofen auf der mittleren Schiene etwa 15 Minuten backen. Herausnehmen und im offenen Glas lauwarm abkühlen lassen.

6 Kurz vor dem Servieren die Schokomasse rasch cremig schlagen. Aus dem Eis mit zwei Esslöffeln Nocken formen und auf Teller verteilen. Die Mousse in Tupfen daneben anrichten. Den Kuchen mit Puderzucker bestäuben und mit dem Eis und der Mousse servieren.

Tipp

Eine Schokmousse ist
kinderleicht herzustellen.
Wichtig ist dabei nur, dass
die Sahnemischung eiskalt
ist, sonst gerinnt sie beim
Aufschlagen.

Meine Highlights rund ums Jahr

Ihr erwartet lieben Besuch und möchtet ein raffiniertes Menü zusammenstellen? Hier findet ihr meine Empfehlungen für jede Jahreszeit:

Im Frühling

+ Bärlauchsuppe mit Kalbsfilet und Frühlingsblüten 22

+ Hendl im Cornflakesmantel mit grünem Spargel und Gold-Leinsamen 32

+ Haselnusskuchen mit Erdbeer-Rhabarber-Kompott und Waldmeistersirup 56

Im Herbst

+ Geräucherter Aal mit zweierlei Beten und Ziegenkäse 116

+ Zander auf Rieslingsauerkraut, Senfschaum und Linsen-Möhren-Salat 121

+ Feigengratin mit Rotweineis 146

Im Sommer

+ Kräutersalat mit Flusskrebsen und weißer Tomatenmousse 83

+ Saiblingsfilet auf Kopfsalat mit Austern-Vinaigrette 86

+ Waffeln mit Erdbeeren 108

Im Winter

+ Rindertatar mit Trüffel, Sardellen und lila Möhrenröllchen 176

+ Entenbrust mit Kartoffelrösti, Roter Bete und Meerrettichjoghurt 182

+ Schokoladen-Haselnusskuchen mit weißer Schokomousse und Nougat-Schokoeis 206

Für Party-
freunde

Wenn ihr mal 'ne coole Party schmeißen
möchtet – hier ein paar Fingerfood-Tipps für
den Empfang:

Für Salat-
liebhaber

Ich bin ein Salatfreak! Im Sommer gibt es für
mich eigentlich kaum etwas anderes: Salate
sind schnell gemacht, gesund, und man bekommt viel Power – um danach noch weiter-
zuarbeiten ...
Meine Lieblingssalate (nicht nur im Sommer):

Register

A/B

C/D

Desserts & Gebäck

E

E

F

Fisch

Fleisch

O/P

R

S

© 2016 ZS Verlag GmbH
Kaiserstraße 14 b
D-80801 München

ISBN 978-3-89883-543-5
1. Auflage 2016

Projektleitung: Ines Alms
Texte: Jakob Strobel y Serra, Gerti Köhn (Warenkunden)
Lektorat: Gerti Köhn
Grafische Gestaltung: Seidldesign, Georg Feigl
Fotografie: Stefan Braun
Fotoassistenz: Tobias Holz
Foodstyling: Franzi Schweiger
Styling: Franzi Schweiger, Jutta Mennerich
Producing: Jan Russok
Herstellung: Frank Jansen
Druck & Bindung: optimal media Gmbh, Röbel

Die ZS Verlag GmbH ist ein Unternehmen der Edel AG,
Hamburg.
www.zsverlag.de | www.facebook.com/zsverlag